AF312604

LE DERNIER TRONE

DES GUELFES

LA REINE D'ANGLETERRE ET L'EMPEREUR D'ALLEMAGNE
UNE EXCURSION DANS LE DUCHÉ DE BRUNSWICK
LES GUELFES
LES DROITS DU DUC DE CUMBERLAND
UNE CONVERSATION AVEC LE PETIT-FILS DU DUC CHARLES II
SUCCESSION A GENÈVE ET A BRUNSWICK
UN CURIEUX TABLEAU AU PALAIS DUCAL
LE DERNIER MOT D'UNE COUR QUI VIENT DE MOURIR
LES HÉRITIERS DE CIVRY CONTRE LA VILLE DE GENÉVE

PAR

LE COLONEL DE VILLECIN

PARIS

LIBRAIRIE POLYTECHNIQUF BAUDRY ET Cᵢₑ, ÉDITEURS

15, RUE DES SAINTS-PÈRES, 15

1890

LE DERNIER TRONE

DES GUELFES

SOMMAIRE

LE DERNIER TRONE

DES GUELFES

LA REINE D'ANGLETERRE ET L'EMPEREUR D'ALLEMAGNE
UNE EXCURSION DANS LE DUCHÉ DE BRUNSWICK
LES GUELFES
LES DROITS DU DUC DE CUMBERLAND
UNE CONVERSATION AVEC LE PETIT-FILS DU DUC CHARLES II
SUCCESSION A GENÉVE ET A BRUNSWICK
UN CURIEUX TABLEAU AU PALAIS DUCAL
LE DERNIER MOT D'UNE COUR QUI VIENT DE MOURIR
LES HÉRITIERS DE CIVRY CONTRE LA VILLE DE GENÉVE

PAR

LE COLONEL DE VILLECIN

PARIS

LIBRAIRIE POLYTECHNIQUE BAUDRY ET Cie, ÉDITEURS

15, RUE DES SAINTS-PÈRES, 15

1890

LE DERNIER TRONE

DES GUELFES

Blankenbourg (duché de Brunswick).

Hier, dans une petite île de l'Océan, entre l'Angleterre et la France, à égale distance de Londres et de Cherbourg, un jeune prince rendait visite à sa grand'mère.

On ne saurait rien imaginer de plus conforme à l'ordre naturel des choses, et il semble que, en dehors de la famille, personne ne devait se préoccuper de cet acte si simple de déférence ou de piété filiale.

Et cependant l'Europe entière s'en est émue.

Il est vrai que la grand'mère et le petit-fils représentaient deux des plus formidables puissances de ce monde. De plus, il y avait, dans cette visite, la rencontre des contrastes les plus étranges et des plus saisissantes oppositions.

Le petit-fils était le plus jeune et le dernier venu de tous les souverains de l'Europe. La grand'mère, au contraire, en était la doyenne par la date de son avènement, et tous avaient célébré, depuis plusieurs années déjà, le cinquantenaire de son règne.

L'un était Guillaume II de Hohenzollern. Roi de Prusse

et empereur d'Allemagne, il incarnait en lui la nouvelle dynastie qui semble tenir aujourd'hui dans ses mains la plus grande épée du continent européen, mais qui ne porte la couronne royale que depuis moins de deux siècles (1704).

L'autre était Victoria de Brunswick. Reine d'Angleterre et impératrice des Indes, elle incarnait en elle cette vieille dynastie des Guelfes, qui, après avoir renversé l'empire romain en 476, a commencé à porter le sceptre des rois vingt ans avant Clovis et qui, habituée à commander sur presque toutes les mers du globe, règne encore sur plus de trois cents millions de sujets.

Enfin, — dernier trait caractéristique qui donnait à cette rencontre un intérêt doublement saisissant ! — les Hohenzollern occupent, à cette heure, les deux trônes allemands des Guelfes, et ceux-ci, bannis de leurs États de Hanovre et de Brunswick, ne peuvent plus mettre le pied sur la terre qui fut leur berceau, sur la terre où ils ont régné depuis plus de mille ans et que, de siècle en siècle, ils ont arrosée de leur sang.

Outre les questions de politique générale qui devaient faire l'objet des entretiens de ces deux têtes couronnées, il en est deux qui touchaient à leurs plus intimes intérêts de famille et qui préoccupaient vivement les augustes intéressés.

Le premier concernait la restitution des nombreux millions (environ 80) qui constituent un trésor appelé *le fonds Guelfe* et qui ont été confisqués sur la fortune personnelle du roi de Hanovre, lors de l'annexion de ce royaume à la Prusse, le lendemain de la bataille de Sadowa.

Le second concernait la couronne de Brunswick.

Quelques rapides explications sont nécessaires pour résumer et élucider cette question que la presse européenne discute depuis des années, mais qui, quoique très simple, reste encore obscure pour beaucoup de politiciens trop oublieux ou trop dédaigneux de l'histoire.

Il n'est pas un collégien qui ne sache qu'Odoacre, fils aîné du premier des Guelfes, après avoir reçu mission de l'illustre anachorète saint Séverin, après avoir vaincu et détrôné Romulus Augustule, le dernier des empereurs romains, fut proclamé premier roi d'Italie. Mais beaucoup ignorent que, dès le lendemain du jour où elle venait de frapper le coup fulgurant qui mettait fin au vieux monde, cette race prédestinée des Guelfes avait commencé à jouer, dans la formation des peuples modernes et dans l'œuvre de la civilisation, le grand rôle qu'elle a continué avec tant d'éclat sur presque tous les trônes de l'Europe.

Elle s'allie et coopère d'abord avec la dynastie de Clovis, puis avec celle de Charlemagne. A la mort du grand empereur des Francs, une princesse Guelfe, couronnée impératrice, monte sur son trône en épousant son fils aîné, et c'est d'elle que descendent les huit derniers rois francs du sang de saint Arnould.

A la dissolution de l'empire carlovingien, cette vaillante lignée en recueille deux couronnes royales et elle y ajoute, par une nouvelle victoire, celle que lui avait déjà donnée, quatre siècles plus tôt, le renversement de l'empire romain.

A ce moment (888), elle a son centre d'action là même où elle avait eu son point de départ, au temps d'Attila. A cheval sur le lac de Constance, maîtres des sources du Danube et du Rhin, ses princes, sous les titres de ducs d'Alsace et de Bavière, puis sous ceux de rois de Bourgogne, d'Allemagne et de Provence, possédaient toute l'Helvétie (la Suisse actuelle) avec la riche et longue ceinture de terre française qui va des Vosges à la Méditerranée entre le Rhône et les Alpes.

Et ces puissants souverains qui, l'épée de saint Maurice à la main, dominaient, du haut de leurs montagnes, la France, l'Allemagne et l'Italie, n'étaient qu'une branche de cet arbre gigantesque qui devait étendre ses ramures jusqu'aux plus lointaines extrémités du globe.

Lorsque, deux siècles plus tard, elle s'éteignit léguant ses États, avec son sang, aux empereurs franconiens, une autres de ses branches occupait le trône de France, une troisième tenait sous son sceptre étincelant la moitié de l'Italie, et, enfin, une quatrième, digne héritière des Othon, ses ancêtres maternels, allait briller au plus haut sommet du Saint-Empire, autant par l'étendue de sa puissance que par la valeur de ses princes.

C'est de cette dernière branche qu'il s'agit aujourd'hui.

Au XIIe siècle, son chef, Henri le Superbe, qui régnait sur la Saxe, la Bavière, l'Autriche, la Prusse actuelle, le Hanovre, le Brunswick, la Toscane, et une foule d'autres principautés, pouvait, sans sortir de ses États, se promener de la mer de Suède à la mer de Sicile. Déjà en possession de la couronne impériale, il n'en fut dépouillé par la Maison de Souabe (les Hohenstaufen) que grâce à une surprise électorale au mépris de toutes les constitutions de l'Empire.

Son fils, Henri le Lion, plus puissant et plus illustre encore, vit Frédéric Barberousse, le redoutable empereur, se prosterner à ses genoux pour obtenir le secours de ses armes contre le pape. Le Lion ayant refusé, et ce refus ayant amené la défaite de Barberousse, le César vaincu se vengea, en offrant à tous les princes jaloux de leur trop puissant suzerain de se partager ses vastes domaines. Malgré une résistance héroïque, le Lion fut terrassé par le nombre, et, de ses dépouilles, se formèrent la plupart des États qui, sous les titres de royaumes de Bavière, Saxe, Hanovre, etc., de grands-duchés, duchés et principautés de tout rang, constituent aujourd'hui l'Empire germanique.

Quant au proscrit, après s'être réfugié quelque temps près du trône de son beau-père, le roi Henri II, dans cette fière Angleterre où sa postérité devait régner un jour, il revint finir sa splendide carrière dans sa vieille capitale, près du tombeau de ses pères, à l'ombre de ses chères montagnes du Hartz et au milieu des débris mutilés de sa puissance que son impérial cousin lui avait restitués. Ce sont ces glorieux débris qui, sous le nom de *duché de Brunswick*, devaient rester l'apanage souverain de ses enfants, et qui aujourd'hui, tombés de nouveau en des mains étrangères, attendent tout de Victoria de Brunswick, l'arrière-petite-fille de Henri le Lion.

Malgré cette effroyable chute, la dynastie des Guelfes conserva, parmi les grandes dynasties européennes, un rang digne de ses hautes origines.

Dès le lendemain, Othon de Brunswick, second fils du Lion, montait sur le trône impérial du spoliateur de son père.

A la génération suivante, un autre Othon de Brunswick refusait cette même couronne que six de ses ancêtres avaient portée après Charlemagne, et, deux siècles plus tard, Frédéric de Brunswick, élu empereur, n'était détrôné que par la main d'un assassin.

Depuis lors, la gloire de cette vaillante race a continué de briller à chaque page de l'histoire, et, pendant que ses princesses montaient sur tous les trônes avec le titre de reine ou d'impératrice, ses princes triomphaient ou mouraient sur tous les grands champs de bataille.

Au milieu du xviiiᵉ siècle, il sembla même qu'elle allait retrouver l'éblouissant éclat de ses premières épopées.

Outre la couronne de ses États d'Allemagne, elle portait alors sur sa tête la couronne de Guillaume le Conquérant et la couronne des czars, régnant, d'un côté, sur l'Angleterre et sur l'Amérique, et, de l'autre, sur la Russie et sur l'Asie. Elle avait ainsi, dans sa main, plus de la moitié de l'Europe et presque la moitié du monde.

Mais l'empire de Russie ne tarda pas à lui échapper par

la catastrophe du malheureux czar Ivan III de Brunswick, et l'Amérique, par la révolution des États-Unis.

En ce siècle, pourtant, la Maison des Guelfes continua à faire grande figure.

Napoléon, il est vrai, tenta de lui enlever le sceptre des mers et lui prit tous ses États allemands pour les donner à son frère Jérôme, sous le titre de royaume de Westphalie. Mais les deux chefs de la branche aînée, héros tous deux, se firent tuer glorieusement dans leur gigantesque duel contre le nouveau César : le père, dans la plaine d'Iéna; le fils, aux avant-postes de Waterloo.

Le lendemain de la chute du géant, la vieille dynastie d'Odoacre se retrouva en paisible possession de ses trois trônes de Brunswick, de Hanovre et d'Angleterre.

Aujourd'hui la situation est bien changée.

La branche cadette n'est plus représentée sur le trône de la Grande-Bretagne que par une femme, femme illustre entre toutes, reine et impératrice, qui, après cinquante années de règne, a conquis les respects de tout l'univers. Mais demain? Demain ce sera la Maison de Saxe qui régnera à Londres et aux Indes, dans la personne du prince de Galles.

En Allemagne, la branche cadette est encore représentée par un prince, le duc de Cumberland, Ernest-Auguste, fils du roi de Hanovre, gendre du roi de Danemark, beau-frère de l'empereur de Russie, du roi de Grèce et du futur roi d'Angleterre; mais ce Prince n'a pas de trône : il ne règne pas à Hanovre, parce que ce royaume a été annexé à la Prusse, et il ne règne pas à Brunswick, parce qu'il n'a pas voulu renoncer au royaume de Hanovre.

Quant à la branche aînée, elle vient de disparaître par la mort de ses deux derniers chefs, les deux fils du héros de Quatre-Bras.

De là est née la question si délicate et si grave qui, à l'heure actuelle, attend encore sa solution.

Chargé de faire à ce sujet un rapport approfondi, j'ai voulu parcourir, dans tous les sens et jusque dans ses parties les plus escarpées, le duché de Brunswick, afin d'y étudier, dans chacune des classes de la population, cette question de succession au trône dont toutes les chancelleries s'occupent depuis si longtemps et dont la solution ne peut plus tarder. Je n'ai pas voulu rester enfermé dans la petite capitale qui, quoique peuplée d'environ cent mille âmes, n'a pas la prétention de représenter, à elle seule, l'opinion des diverses principautés et provinces du pays tout entier.

Après avoir visité Helmstœdt, le siège de la vieille Université des Guelfes, Wolfenbüttel et son incomparable bibliothèque qui avait pour bibliothécaires Leibnitz et Lessing; après avoir séjourné dans les villes, dans les bourgades et jusque dans les antiques abbayes où, par leurs éloquentes archives, les siècles parlent mieux que les hommes, j'ai tenu à achever mon instructive et intéressante tournée par les majestueuses montagnes du Hartz.

Je me suis arrêté à Hartzbourg, triplement célèbre par les eaux qu'on vient y prendre depuis deux mille ans, entre ses vieilles murailles romaines et ses belles forêts de sapins; par les restes imposants du château où mourut l'empereur Othon de Brunswick, et par le haras où les princes guelfes ont perpétué, avec un soin jaloux, la postérité du fameux cheval de bataille que Charlemagne donna à leur aïeul Witikind.

De là, je suis descendu à Walkenried, dont la merveilleuse abbaye fait revivre, jusque dans ses ruines, le souvenir de Pépin le Bref et de saint Boniface, le grand apôtre de la Germanie qui le sacra roi des Francs. Et, après avoir parcouru la poétique principauté de Blankenbourg, me voici dans le nid d'aigle qui lui sert de capitale.

En visitant ainsi ce riche et pittoresque duché, où la

nature est si pleine de prestige, où le passé est plus plein
d'éloquence encore, où tous les arbres ont une voix, où
toutes les pierres ont une histoire, j'ai interrogé les grands
et les petits, les jeunes gens et les vieillards, les citadins
et les paysans, les gens de la plaine et les montagnards.
Et, aujourd'hui, je résume mes renseignements et mes
impressions en face de ce fier château de Blankenbourg qui
est comme un poème de pierre au milieu de son splendide
encadrement de montagnes et de forêts.

Ce ne sont que des notes que je crayonne, mais elles
touchent à une grande page d'histoire qui va s'écrire
demain et qui occupera une place mémorable parmi les
événements dont ce palais féodal est le royal témoin depuis onze siècles.

C'est ici que Charlemagne a posé, de sa main civilisa-
trice, les bases du Saint-Empire ; c'est ici que Henri l'Oi-
seleur en a reçu la couronne ; c'est ici que Othon le Grand
et Henri le Saint l'ont portée si haut ; c'est ici que Henri
le Lion a lutté contre Frédéric Barberousse et contre tous
les princes coalisés pour se partager ses immenses domaines et s'en faire des royaumes ; c'est ici que son fils
Othon IV, qui avait reconquis le trône de ses ancêtres,
est venu se consoler de la bataille de Bouvines ; c'est ici
que ces puissants Guelfes, réduits à leurs États de
Brunswick et du Hanovre, ont su, par le triple éclat des
armes, des lettres et des arts, maintenir leur nom au
niveau des plus hauts potentats; c'est ici que Pierre le
Grand est venu demander la main de Charlotte de
Brunswick pour son fils, l'héritier de la couronne des
czars ; c'est ici que Frédéric le Grand, le fantasque mais
respectueux époux d'Élisabeth de Brunswick, venait se
reposer entre deux victoires ; c'est ici que le célèbre duc
Charles-Guillaume-Ferdinand, après avoir tenté de sauver
par son épée la tête de Louis XVI, donna, durant deux

années, à Louis XVIII, à Charles X et à toute la Maison de France, cette hospitalité de l'exil que de plus puissants souverains n'osaient pas leur offrir ; c'est ici, que, plus tard, il fut rapporté, sanglant et aveugle, du champ de bataille d'Iéna, pour aller le lendemain mourir loin de son trône confisqué et de sa patrie perdue.

C'est à quelques pas d'ici, enfin, que, à la tête de ses *hussards de la Mort*, son fils, qui s'était constitué son vengeur et que l'Allemagne appelait le nouvel Arminius, reprit la ville d'Halberstadt et captura le plus beau régiment de la garde de Jérôme Bonaparte, à l'heure même où, entouré par son frère d'un cercle de victoires, ce nouveau roi régnait à Brunswick.

Tels sont les souvenirs qui remplissent Blankenbourg, et il y en a de semblables semés à chaque kilomètre dans ce merveilleux pays où le sol est tantôt labouré par le noir boulet des batailles, tantôt orné par les plus imposantes créations de la paix et du génie, et où, à toute heure, on se sent enveloppé par l'histoire ou par la légende.

C'est en face de ces innombrables témoins du passé que j'ai demandé aux habitants : « Voulez-vous devenir Prussiens? »

La réponse, je le constate sans hésitation, a été presque partout unanime, sauf dans quelques villes où quelques bourgeois et quelques jeunes gens subissent, au nom seul de Berlin, cette lointaine et fascinante attraction que le nom de Paris exerce jusqu'au fond des vieux duchés de Bretagne et de Lorraine.

Quand j'ai parlé du duc de Cumberland, nul n'a contesté ses droits, parce que, en ce pays toujours si étroitement uni à ses Princes, chacun sait leur histoire.

On y sait que, au milieu du xvie siècle, la Maison de Brunswick se divisa en deux branches dans la personne des deux fils du duc Ernest le Confesseur.

On y sait que, à la fin du xvii⁰ siècle, la branche cadette avait pour principal représentant l'électeur Ernest-Auguste, duc de Brunswick-Hanovre, qui avait épousé la princesse palatine Sophie, fille de l'Électeur Frédéric V, roi de Bohême, et héritier du trône de la Grande-Bretagne.

On y sait que ce royal héritage lui venait de sa mère Élisabeth Stuart, sœur de Charles I⁰ʳ et fille de Jacques I⁰ʳ roi d'Angleterre et d'Écosse, aux droits de son infortunée mère Marie Stuart, qui eût dû réunir elle-même ces deux couronnes sur sa tête, si sa tête n'était pas tombée sous la hache d'Élisabeth, la reine-bourreau.

On y sait que, en 1701, cette transmission du trône des Stuarts aux Brunswick fut solennellement sanctionnée par une loi du Parlement qui excluait tous les descendants catholiques des Stuarts, quel que fût leur droit de primogéniture. On y sait que, en 1714, le fils de l'électeur Ernest-Auguste, le duc Georges-Louis de Brunswick-Hanovre, électeur du Saint-Empire et chef de la branche cadette des Guelfes, monta sur le trône de la Grande-Bretagne sous le nom de Georges I⁰ʳ et que de ce prince sont descendus, en ligne directe, tous les rois d'Angleterre et de Hanovre jusqu'à la reine Victoria et au roi Georges V, dont le duc actuel de Cumberland est le fils et l'héritier.

On y sait enfin que, en vertu de la loi de succession réciproque établie dans la Maison Guelfe, la branche aînée s'éteignant, c'est au chef de la branche cadette que doit échoir le trône patrimonial de Brunswick.

Mais ce qui inquiète les populations brunswickoises, c'est que l'héritier-né du duché de Brunswick est né aussi héritier du royaume de Hanovre.

A la mort du dernier duc, Guillaume I⁰ʳ, on a établi une Régence provisoire composée des principaux Ministres et hommes d'État du Duché, et, au bout d'une année, la

Diète Brunswickoise a été convoquée pour décider quel serait le successeur au trône.

Sur le rapport de l'un des plus éminents juristes du pays [1], l'Assemblée a déclaré que le droit de régner appartenait, sans contestation possible, au duc de Cumberland, mais qu'il ne pouvait l'exercer, à l'heure présente, attendu qu'il n'avait pas reconnu le nouvel Empire d'Allemagne dont le Duché faisait partie intégrante comme État confédéré.

Puis, à la presque unanimité, elle a élu, à titre de *Prince-Régent*, le prince Albert de Prusse, neveu du vieil Empereur Guillaume Ier. Feld-maréchal général et Grand Maître de l'Ordre de Saint-Jean de Jérusalem en Brandebourg, il exerce la Régence depuis 1885, et — c'est un devoir de le déclarer très haut — il le fait avec une grande modération et une parfaite impartialité, se gardant de tout esprit d'envahissement, montrant, au contraire, un scrupuleux respect pour tout ce qui touche aux souvenirs et aux droits de la famille des Guelfes.

Mais cette situation n'est que provisoire et ne saurait s'éterniser.

Le problème reste entier, et il faut le résoudre.

Je l'ai discuté à fond, il y a quelques jours, avec un homme qui, quoique jeune encore, a une maturité précoce, et qui est en mesure de bien connaître la question, parce que, d'une part, il a eu occasion d'en conférer avec les personnages les plus compétents, et parce que, d'autre part, il est personnellement intéressé dans les litiges de l'héritage ducal ; non pas, il est vrai, au point de vue politique, mais au point de vue financier : c'est le vicomte Ulric Guelfe de Civry, qui, par sa mère, fille unique du duc Charles II, est le rejeton le plus direct de la branche aînée aujourd'hui éteinte.

____

[1]. Le Conseiller Otto Haeusler, député à la Diète.

La comtesse de Civry portait précisément, en vertu de lettres patentes du duc, son père, non seulement le titre de comtesse de Colmar, mais le titre de cette principauté de Blankenbourg, où je suis venu compléter et résumer mes renseignements.

Le petit-fils du duc Charles, je dois le dire tout d'abord, m'a développé la même opinion et à peu près les mêmes pensées que je viens moi-même de constater chez la plupart des esprits calmes et sérieux que j'ai pu interroger dans ma tournée. C'est pourquoi je crois devoir reproduire la substance de sa conversation.

Je lui demandai s'il croyait que l'ordre légitime de la succession au trône de Brunswick dût être irrémédiablement renversé par suite de l'annexion du Hanovre à la Prusse.

« Il est certain, me répondit le vicomte de Civry, que les droits héréditaires de Monseigneur le duc de Cumberland à la couronne du Hanovre constituent le seul empêchement à l'exercice de ses droits sur celle de Brunswick, parce que l'on craint que, en devenant souverain de ce second État, Son Altesse Royale n'y trouve un point d'appui qui, un jour, pourrait servir à ses revendications sur le premier.

« La difficulté est-elle cependant aussi insurmontable qu'on le prétend? Je ne le pense pas. Si l'on exigeait du Prince une renonciation solennelle à tous les droits qu'il tient du roi, son père, je suis convaincu qu'il répondrait par un *non possumus* absolu. Mais la reconnaissance, par lui, du nouvel Empire d'Allemagne, dont il deviendrait un membre actif, ne serait-elle pas un gage suffisant, puisque ce serait l'acceptation de tous les devoirs imposés par la constitution impériale?

« Il y a lieu d'espérer que l'Empereur trouvera une solution qui satisfasse en même temps les exigences du droit.

et les intérêts du pays ; Sa Majesté comprendra quel intérêt vital il y a, pour un peuple, à ne pas se séparer d'une dynastie qui, depuis tant de siècles, a identifié sa fortune, sa gloire et sa vie avec les siennes ; qui, cent fois, a donné son sang pour défendre ses frontières, son honneur ou sa liberté ; qui, enfin, est liée à chacune des pages de son histoire par toutes les fibres de ses entrailles.

« Quant aux Princes de l'Empire, ils savent mieux que personne, par les dures leçons de l'histoire, que, en tout temps, c'est chose grave et dangereuse de déraciner une famille nationale du pays où elle a régné à travers les âges et où elle s'est immortalisée par ses bienfaits autant que par ses hauts faits. Arracher le Brunswick à la Maison de Brunswick, sans qu'il y ait l'ombre d'une révolution ou d'une guerre pour expliquer une pareille spoliation, serait un acte que l'avenir jugerait avec sévérité !

« Proscrire de la patrie allemande une dynastie qui l'a défendue dès son berceau, l'épée d'Odoacre et de Witikind à la main, qui l'a gouvernée dans sa splendeur, la couronne de Charlemagne sur la tête ; qui, au début de ce siècle, a encore donné deux fois la vie de son chef pour sauver l'indépendance germanique, ce serait un scandale historique qui ne porterait pas bonheur à ceux qui en auraient assumé la responsabilité.

« L'honneur, l'intérêt et le devoir ne seraient-ils pas, au contraire, de rendre la vie à cet antique berceau des Guelfes, à ce petit pays des grands souvenirs et des grands dévouements, en faisant asseoir sur son trône le nouveau Chef de sa vieille dynastie ? Après de violentes secousses suivies d'une longue somnolence, ne serait-ce pas une sorte de résurrection pour le duché que d'avoir à sa tête un prince, jeune encore, qui tient à toutes les racines du sol par le sang de ses veines et à tous les trônes de l'Europe par ses alliances de famille ? Est-ce que l'illustre capitale de Henri le Lion ne pourrait pas redevenir, comme en ses beaux jours d'autrefois, le rendez-vous des cours du Nord et du Midi, de l'Orient et de l'Occident, quand elle aurait un souverain allié à tant de souverains? L'Allemagne elle-même n'aurait qu'à se féliciter de cette solution qui, en donnant satisfaction à la justice, servirait en même temps la cause de la paix. »

Le vicomte entra ensuite dans quelques détails qui ne sont pas du domaine de la publicité; puis, je sollicitai quelques renseignements sur la succession financière et notamment sur les revendications qu'il poursuit lui-même.

« — Et d'abord, lui dis-je, serait-il indiscret de vous demander quelle était exactement la situation de madame votre mère dans la famille ducale ? »

Il me répondit :

« — La vie de ma mère va bientôt être publiée, avec pièces justificatives, par une plume des plus autorisées; mais, en attendant, vous seriez éclairé d'avance sur bien des points, si vous lisiez : *Une mésalliance dans la Maison de Brunswick*, beau livre qu'un diplomate fort érudit, le vicomte Horric de Beaucaire, vient d'écrire d'après des documents puisés dans les archives de famille et les chancelleries d'État. Vous y verriez que la filiation paternelle et maternelle, la naissance et les premières années de Sophie-Dorothée de Brunswick-Lunebourg, fille de Georges-Guillaume, duc de Brunswick-Hanovre, et d'Éléonore d'Olbreuse, offrent la plus frappante analogie avec la filiation, la naissance et les premières années d'Élisabeth-Wilhelmine de Brunswick, ma mère. Il y a toutefois une double et capitale différence à noter : c'est que, d'une part, ma mère est née d'un mariage mor-ganatique, tandis que Sophie-Dorothée est née dix ans avant le mariage qui devait la légitimer. D'autre part, ma

mère n'a pas eu, comme Sophie-Dorothée, l'honneur
d'épouser un électeur et roi, d'être la mère d'un roi d'Angleterre et d'une reine de Prusse, et enfin de devenir
l'aïeule de deux des plus puissantes dynasties de l'Europe
actuelle.

« Quant aux revendications que nous poursuivons devant la Justice, elles portent uniquement sur la succession
privée du duc Charles, mon grand-père, et, avant tout, sur
la fortune mobilière encaissée par la ville de Genève, en
qualité de légataire universelle.

« Outre les points fondamentaux déjà résolus en notre
faveur par les tribunaux brunswickois, nos droits ont été
unanimement reconnus par les premiers juristes des trois
pays intéressés (France, Allemagne, Genève), et même par
ceux de presque tous les autres États de l'Europe. Il n'y a
plus que des questions de détail et de procédure à discuter
devant la juridiction compétente.

« Le testament du duc Charles a même été déclaré nul
par le tribunal ducal, en conséquence de la décision du
conseil de famille composé de tous les souverains et princes
de la Maison de Brunswick, décision qui lui avait enlevé
le droit de disposer de sa fortune et qui a été confirmée
par toutes les juridictions du duché.

« Mais, sans aller jusque-là et en admettant même la
validité de cet étrange testament, il nous reste une part
suffisante dans la réserve fixée par la loi française et la loi
genevoise.

« Faudra-t-il, pour obtenir cette part, poursuivre notre
action jusqu'aux moyens coercitifs? C'est là une question
à laquelle je ne puis encore répondre en ce moment.

« Il y a enfin une dernière question que des raisons de
délicatesse m'empêchent de traiter aujourd'hui : c'est celle
des droits que la loi brunswickoise réservait à ma mère
sur les biens laissés par le duc Charles dans son duché. Un

jugement du tribunal ducal et un arrêt de la cour supérieure les ont reconnus en principe. Mais, d'après les conférences amiables que les représentants de Sa Majesté le Roi de Saxe et de Son Altesse Royale le Duc de Cumberland ont eues à Brunswick avec les nôtres, il y a tout lieu de compter qu'il n'y aura pas l'ombre de débat judiciaire à ce sujet. »

Je crus devoir hasarder une dernière interrogation et je dis au vicomte :

« — Divers organes de la presse allemande et étrangère parlent des correspondances intimes et du concours officieux que vous auriez dans plusieurs cours ?

« — Permettez-moi, Colonel, riposta-t-il vivement, de garder sur ce point le silence que les convenances seules m'imposeraient, alors même que je n'aurais pas d'autres raisons pour me taire.

« D'ailleurs cette petite question de revendications pécuniaires a bien peu d'importance à côté de la grande question qui vous préoccupe à juste titre et qui me préoccupe vivement moi-même, si désintéressé que j'y sois personnellement (en dépit de ce qu'ont raconté les romanciers politiques) ; question dans laquelle le droit national, l'honneur international et la conscience publique sont si profondément engagés, question qui préoccupe non seulement tout un peuple, mais l'Allemagne entière et une partie de l'Europe, car il s'agit de l'avenir d'un pays qui est le glorieux berceau des Francs et d'une dynastie qui, après avoir renversé le dernier empereur romain, a joué l'un des premiers rôles dans la marche de la civilisation. »

Là-dessus le vicomte se leva et me montra une fort belle copie d'un tableau qui se trouve dans l'une des salles du palais de Brunswick.

« — C'est, me dit-il, le duc Louis-Rodolphe, assis dans la

salle du trône de son château de Blankenbourg, au milieu de ses enfants et petits-enfants au nombre de vingt et un.

« A ce moment-là, la branche aînée de la Maison de Brunswick allait s'éteindre, comme vient de s'éteindre aujourd'hui celle qui lui a succédé.

« Le duc Antoine-Ulric, l'illustre chef de cette branche, était mort, après le beau et long règne que vous connaissez. Louis-Rodolphe n'était que son troisième fils, et, afin qu'il eût un apanage convenable, on avait érigé pour lui le comté de Blankenbourg en principauté. Ses deux aînés étant morts sans enfants, l'un sur le champ de bataille et l'autre sur le trône, il était devenu lui-même le chef de la famille, mais il n'avait que trois filles pour toute postérité. Et cependant vous voyez, par ce tableau si vivant, quelle splendeur sa descendance ajouta à la vieille dynastie des Guelfes.

« Sa fille aînée, la princesse Élisabeth, épousa l'empereur Charles VI, et eut pour fille l'immortelle Marie-Thérèse, la noble mère de Marie-Antoinette et l'auguste aïeule de la nouvelle Maison d'Autriche.

« La plus jeune des trois sœurs, la princesse Charlotte, choisie par Pierre le Grand lui-même pour être la femme de son fils et l'héritière de son trône, devint la mère du czar Pierre.

« La seconde, la princesse Antoinette, épousa son cousin le duc Ferdinand-Albert, héritier du trône ducal de Brunswick. Elle fut mère du duc Charles Ier, d'où sont descendus les quatre derniers ducs régnants et dont ma mère était le dernier rejeton.

« Elle eut, de plus, quatre autres fils et quatre autres filles.

« Les quatre filles furent : Élisabeth, qui épousa le grand Frédéric ; Louise, qui épousa Auguste-Guillaume de Prusse (le frère de Frédéric) et qui fut mère du roi Fré-

déric Guillaume II, d'où sont descendus les cinq derniers
rois de Prusse et les trois nouveaux empereurs d'Allemagne ;
Julie, qui épousa Frédéric V, roi de Danemark ; enfin,
Sophie-Antoinette, qui épousa un duc de Saxe-Cobourg
et dont les enfants règnent aujourd'hui sur le Portugal et
la Belgique, et régneront demain sur la Grande-Bretagne.

« Quant aux fils cadets d'Antoinette, trois furent d'héroïques soldats, et le quatrième, Antoine-Ulric II, gou-
verna l'empire des czars avec sa femme la régente Anne,
pendant que leur fils, Ivan de Brunswick, en occupait le
trône, en sa qualité de neveu de Pierre le Grand ; et, si
une révolution de palais n'avait pas renversé le jeune empereur pour le faire mourir dans une forteresse après
vingt-trois ans de captivité, la Maison des Guelfes réuni-
rait encore aujourd'hui sous son sceptre, outre ses États
d'Allemagne, les trois vastes empires de Russie, d'Angleterre et des Indes.

« Il n'y a pas, dans le monde, beaucoup de tableaux qui,
sur quelques pieds carrés de toile, réunissent autant de
têtes couronnées, ajouta en souriant le vicomte.

« Toujours est-il que, à l'heure actuelle, parmi les rois
et les empereurs qui occupent les trônes de l'Europe, il
n'en est pas un seul, sauf le Sultan, qui n'ait pour aïeule
'une des trois filles du duc Louis-Rodolphe.

Puis il reprit d'un ton plus grave :

« — En regardant ce tableau, j'ai plus d'une fois songé
au nouveau chef de la Maison de Brunswick. Il est déjà le
beau-frère de l'empereur de Russie, du futur roi d'Angleterre et du roi de Grèce, le gendre du roi de Danemark et
le proche parent de toutes les familles régnantes d'Allemagne. Pourquoi ne deviendrait-il pas, comme Louis-Rodolphe, la souche d'une royale et nombreuse postérité qui
rendrait à l'antique race des Guelfes la verdeur et l'éclat
de ses anciens jours ? »

Sur ce, je quittai le petit-fils du duc Charles, et je pensai
qu'il y aurait peut-être quelque intérêt à publier le résumé
de cette conversation historique et l'explication de ce tableau véritablement extraordinaire.

LE DERNIER MOT

D'UNE

COUR QUI VIENT DE MOURIR

En attendant les résultats, plus ou moins prochains et décisifs, de la visite du jeune empereur d'Allemagne à son aïeule la reine Victoria, j'ai dû compléter la mission dont l'accomplissement n'avait été pour moi qu'une ravissante excursion, au double point de vue de la nature et de l'histoire, et je me suis mis à étudier une autre question qui se rattache aussi à la succession de la branche aînée des Brunswick.

Il s'agissait, cette fois, non du trône, mais du trésor du célèbre chef de cette branche, le duc Charles II, dont le règne et l'exil, si fertiles en péripéties, ont tenu l'attention publique en éveil pendant un demi-siècle.

Ce prince, fils de l'héroïque duc Frédéric-Guillaume et de la princesse Marie-Élisabeth-Wilhelmine de Bade, avait dix ans quand, accompagné de son jeune frère et successeur Guillaume, il reçut aux portes de Brunswick, sur le perron du poétique palais de Richemont, le corps de son père que ses *hussards de la Mort* rapportaient du champ de bataille de Waterloo.

Proclamé duc souverain, il ne régna d'abord que de nom sous la tutelle de son oncle le roi d'Angleterre, Georges IV. Monté solennellement sur le trône à 19 ans, le 30 octobre 1823, renversé à 26 ans, par la Révolution du 7 septembre 1830, il est le seul prince de la branche aînée qui ait laissé postérité, mais postérité doublement inhabile à succéder, à cause du sexe d'abord, et à cause des circonstances qui avaient présidé à la naissance.

Cet unique rejeton était une fille, et l'union dont elle était issue n'avait pas eu les caractères qu'exigent les lois de succession dans les maisons régnantes.

En 1825, le duc Charles avait contracté à Londres un mariage secret ou morganatique avec une orpheline anglaise de haute noblesse et de haute éducation (la comtesse Colville) qu'il avait enlevée à 17 ans et qu'il avait installée princièrement, avec une sorte de cour, dans l'un de ses châteaux des environs de Brunswick. Mais, pour des raisons d'État et de famille, il tint cachées les pièces constatant ce mariage, et, après l'incendie du palais ducal et de la chancellerie, toutes les recherches n'ont pu parvenir à les retrouver [1]. Les témoignages les plus dignes de foi et revêtus de tous les caractères de certitude y ont suppléé dans la mesure du possible, mais ils ne pouvaient suffire pour imposer une décision judiciaire et, devant les tribunaux, on a dû réserver provisoirement la question.

---

1. « M⁰ Marie disait, il y a vingt ans : « La cause de lady Colville, l'in-
« fortunée épouse morganatique du duc Charles, n'a jamais été ni jugée, ni
« éclaircie, ni même examinée ! » Et il entreprenait de l'exposer. Au souffle de
son génie créateur et de sa puissante parole, faite de droiture et d'élévation,
il animait d'une vie nouvelle les figures effacées de ce drame d'amour et il
portait alors réellement le jugement de l'histoire.

« Mais, depuis, des documents nouveaux ont vu le jour, qui ont dissipé
plus d'un doute, des travaux consciencieux et savants ont fait des certitudes,
autant qu'il était possible dans un sujet dont certains actes semblent voués
à une obscurité éternelle. »

(Lettre du duc Maximilien en Bavière, père de l'Impératrice actuelle
d'Autriche et cousin germain des deux derniers ducs de Brunswick.)

Or, c'est la fille née de cette union qui, quoique morte aujourd'hui, occupait et préoccupait, il y a quelques mois, la cour suprême et le duché de Brunswick.

Toutes les dynasties de l'Europe connaissent l'histoire de cette fille de rois dont la vie a été un roman et un martyre. Née, le 5 juillet 1826, au château de Wendessen, ayant pour berceau le berceau ducal, nommée *Élisabeth-Wilhelmine* en souvenir de la mère du duc, traitée en princesse dès sa naissance, baptisée avec une pompe presque souveraine, en présence des grands officiers de la couronne; ayant pour parrain d'honneur le Souverain lui-même et pour parrain effectif l'héritier du trône; ayant reçu, comme apanage, les noms et les titres de la Maison des Guelfes (comtesse de Blankenbourg, de Colmar, etc.), elle vécut jusqu'à 17 ans, comblée de tous les honneurs, de toutes les satisfactions et de toutes les largesses qu'un prince, cent fois millionnaire, peut prodiguer à l'enfant qu'il adore.

A 17 ans, l'âge d'or fit tout à coup place à l'âge de fer. Que s'était-il passé?

La fille du chef d'une famille qui régnait sur plus de la moitié des protestants du globe, s'était faite catholique.

Elle pouvait, il est vrai, alléguer, pour sa justification, que cent princes et princesses du sang et de la parenté des Brunswick avaient commis le même crime avant elle. Elle pouvait ajouter qu'il avait fallu trois mois de conférences avec le Père Lacordaire pour décider sa conversion, et qu'une conversion, dans ces conditions d'indépendance, était assurément l'exercice le plus légitime du *libre examen*, principe fondamental du Protestantisme.

Mais le prince n'était pas homme à discuter et à raisonner. Ses conseillers et ses courtisans avaient, de leur côté, d'autres et puissantes raisons pour le séparer irrévocablement de sa fille, comme ils l'avaient déjà séparé du reste de sa famille.

La condamnation fut prononcée ; elle fut inexorable, et la rupture entre le père et la fille devait durer jusqu'à la tombe.

Après quatre années d'abandon, l'orpheline d'un prince plein de vie et ruisselant d'or, épousa, sans l'ombre de dot, le fils d'une noble femme qui lui avait offert la maternelle hospitalité de son château.

Le duc avait, toutefois, donné son consentement au mariage et s'y était fait représenter par son premier chambellan. De plus, les lettres de faire-part, rédigées en son nom par le Directeur de sa Chancellerie, l'annoncèrent officiellement en Angleterre, en Allemagne et en France. Mais c'était tout.

Comtesse de Bar et de Civry, elle pouvait se passer des largesses de son père. Mais, plus tard, étant devenue mère et sa nouvelle famille ayant subi des revers inattendus, elle allait avoir, chaque jour, durant vingt-cinq années, la preuve implacable que, pour elle et pour les siens, son père était mort.

Quand un jour, la mort, une mort foudroyante, devint pour lui une réalité, l'injustice et la spoliation apparurent plus flagrantes et plus odieuses encore sur son cercueil, sous la forme d'un testament qui, au profit d'une ville étrangère où il avait simplement campé dans un hôtel, déshéritait, non seulement sa fille et ses petits-enfants, mais son frère et toute la maison de Brunswick, de Hanovre et d'Angleterre.

Un sentiment de stupéfaction accueillit dans toute l'Europe cet acte de véritable démence qui justifiait l'interdiction légale dont il avait été frappé par le haut tribunal de famille composé du roi d'Angleterre, son oncle, et de tous les princes de la dynastie Guelfe. Cette interdiction, confirmée pendant quarante ans par toutes les juridictions du duché, l'a été de nouveau par le tribunal ducal qui, sur la demande de la famille de Civry, y a reconnu un motif indiscutable pour déclarer nul ce testament d'un fou.

Son frère, le dernier duc régnant, avait, il est vrai, pour des raisons spéciales et toutes personnelles, abandonné à la ville de Genève sa part de la succession mobilière, en réservant toutefois la fortune territoriale. Les autres héritiers du sang, tous sur un trône ou sur les marches d'un trône, avaient dédaigné d'entamer une lutte judiciaire avec une municipalité pour lui disputer quelques millions. Mais la fille déshéritée jugea que ne pas faire valoir ses droits ce serait abdiquer ses devoirs de mère.

C'est ainsi que prit naissance ce procès colossal dont les journaux de tous les pays ont raconté les phases diverses et qui a réuni, pour défendre la cause des enfants spoliés, les plus éminents juristes de France, d'Allemagne, de Suisse même et de presque toute l'Europe.

Ce qui a rendu si laborieuse et si longue cette lutte juridique, c'est que, dans l'incendie du palais ducal, lors de la révolution qui a détrôné le duc Charles II, les lettres patentes et la plupart des pièces constituant les titres de famille et de noblesse de sa fille avaient disparu parmi les archives de la chancellerie.

Il fallait reconstituer, en quelque sorte, l'état civil de la comtesse de Civry, au moyen de témoignages et de documents dispersés çà et là dans le duché, en diverses parties de l'Allemagne, en Angleterre et en France. Puis, la mort du dernier duc régnant, oncle et parrain de la réclamante, et l'interrègne qui suivit cette extinction de la branche aînée des Brunswick amenèrent de nouveaux et longs retards dans la marche de ce gigantesque litige.

Après avoir passé par toutes les juridictions, il est enfin arrivé devant la cour suprême du duché.

Chose étrange ! cette cour, qui devait juger en dernier ressort la cause du dernier rejeton d'une dynastie qui venait de s'éteindre, allait disparaître elle-même pour faire place à la cour souveraine de l'Empire d'Allemagne.

Le duché garde sa situation d'État autonome, quoique confédéré ; ses tribunaux et sa cour d'appel continuent à fonctionner, mais, désormais, le Brunswick, comme la Prusse, la Saxe, la Hesse, et tous les États allemands, est justiciable, en dernier ressort, de la cour siégeant à Leipzig.

Or, la cour ducale expirante a donné, avant de mourir, un grand exemple qui mériterait d'avoir des imitateurs au delà des frontières de ce petit pays où les princes avaient, depuis longtemps, appris à leur peuple qu'on ne doit reculer devant rien, quand il s'agit de proclamer et de défendre le droit.

Il faudrait franchir les époques des Séguier et des Malesherbes, remonter aux grands jours du président de Lamoignon et du chancelier d'Aguesseau, arriver jusqu'au président Achille de Harlay et au chancelier de l'Hospital, pour trouver l'équivalent de ce qui s'est passé à Brunswick, dans l'audience du 27 septembre 1889.

A la clôture des débats, au moment où la cour n'avait plus qu'à délibérer et à rendre son arrêt, le premier président, M. le Dr Schmidt, prit tout à coup la parole et, s'élevant au-dessus des petites discussions qui s'arrêtent à la lettre de la Loi, il en appela directement à cette justice supérieure qui émane de la loi de Dieu et du droit naturel.

Après avoir exprimé, en termes énergiques, tout ce qu'avait de navrant et de révoltant la situation de cette fille unique d'un des derniers Souverains du pays, indignement dépouillée, avec ses enfants, de toute part d'héritage, en face des millions de son père entassés dans les coffres-forts d'une ville étrangère, il ne craignit pas de s'adresser publiquement et solennellement à cette ville quasi souveraine, et aux deux héritiers du sang, dont l'un est un roi et l'autre un chef de dynastie, pour leur dire que la cour éprouvait le plus profond regret d'une telle situation et le plus vif désir de la voir cesser.

Il conclut, en disant que, pour leur laisser le temps d'y mettre fin par une transaction amiable et conforme à la dignité respective de chacune des parties en cause, la cour remettait à un mois le prononcé de son arrêt[1].

Un fait plus significatif encore ! Au bout du mois fixé (le 25 octobre suivant), la cour, sachant que des pourparlers étaient engagés entre le roi de Saxe, le duc de Cumberland et les enfants de la comtesse de Civry, remit, de nouveau, le prononcé de l'arrêt et, chose inouïe ! assigna, par Ordonnance spéciale, toutes les parties à venir le 29 novembre discuter, en présence de la cour réunie, les conditions d'un arrangement amiable.

De quelque résultat que dût être suivi ce mémorable appel à la conscience et à l'équité, voilà certes un acte qui honorera dans l'histoire et la cour suprême de Brunswick et son noble président.

Il semble qu'ils se soient inspirés des grands souvenirs de l'arbre incomparable et sept fois centenaire en face duquel ils siégeaient : ce tilleul immortel à l'ombre duquel Henri le Lion rendait la Justice, comme, cent ans plus tard, saint Louis la rendait sous le chêne de Vincennes[2].

Le lendemain de cette émouvante séance, l'aîné des petits-fils du duc Charles, accompagné du conseiller König, l'un des représentants du duc de Cumberland, et d'un autre

---

1. Voir la *Gazette des Tribunaux*. Paris, 4 octobre 1889 et mois suivants.

2. Ce tilleul historique, dont l'existence remonte *authentiquement* à l'an 1120 et pour lequel tous les habitants du duché ont une sorte de vénération, est placé entre le Palais de justice et la Basilique ducale qui, depuis plus de neuf siècles, sert de sépulture aux princes de la famille régnante.

diplomate, se trouvait chez M. Windthorst, l'ancien premier ministre du roi de Hanovre et aujourd'hui l'illustre chef des Guelfes, des Catholiques et du Centre au Parlement allemand. En recevant le vicomte de Civry, l'éloquent plénipotentiaire du Chef de la Maison de Brunswick lui dit, tout d'abord, ces simples mots qui attestaient le résultat des paroles de la veille :

« *Le vénérable président de la Cour Suprême nous a tracé notre devoir ; nous ferons en sorte de le remplir de notre mieux.* » Puis il ajouta : « *Je suis profondément touché et honoré des lettres que plusieurs princes et des princes de l'Église ont bien voulu m'écrire pour me recommander votre cause, mais elles étaient superflues. J'ai eu le bonheur de consacrer toute ma vie à la défense du droit, et ce n'est pas aujourd'hui, quand l'heure s'approche de rendre mes comptes au grand Juge, que je songerais à déserter.* »

Quelques semaines après, les représentants du roi de Saxe et du duc de Cumberland tenaient séance à Brunswick, chez le conseiller Otto Haeusler, représentant de la famille de Civry, avec les avocats français de cette dernière, en tête desquels figurait Mᵉ Waldeck-Rousseau, l'ancien ministre, assisté de Mᵉ Escudier. Tous se mirent facilement d'accord sur la marche à suivre, pour arriver à une solution, en dehors de Genève.

Je dis : *en dehors de Genève.* En effet, le conseil de cette ville, ou du moins son président actuel, M. Turrettini, ayant refusé de se rendre : 1° à l'assignation en garantie qui lui avait été adressée au nom du roi de Saxe et du duc de Cumberland ; 2° à l'appel, officieux mais si énergique, que lui avait adressé, en pleine audience, le président de la cour suprême ; 3° à l'ordonnance de la cour elle-même ; les représentants des princes et des héritiers du sang jugèrent qu'il n'y avait plus lieu, provisoirement, de s'occuper d'une ville dont le chef semblait vouloir se mettre au-dessus de la Justice et des lois.

Mais bientôt le président Turrettini ayant essayé de plaider en talon rouge, dans les journaux, au lieu de venir plaider devant la cour, le vicomte de Civry n'hésita pas à riposter par une vigoureuse protestation, dont presque toute la presse a donné des extraits et que les journaux de Brunswick ont publiée *in extenso* la veille même du prononcé de l'Arrêt.

Ainsi, après avoir dévalisé la famille de Civry, la municipalité de Genève cherchait encore à l'outrager !...

Ce sont là des procédés justiciables du mépris public !...

L'heure de l'Arrêt sonna enfin le 23 décembre, l'audience de conciliation n'ayant pu avoir lieu, grâce au mauvais vouloir du conseil genevois.

Comme on le devinait d'avance d'après la significative déclaration de son président, la cour confirma, une fois de plus, le point capital qui était le fond de la cause et que le tribunal ducal et la cour d'appel avaient déjà mis audessus de toute contestation : à savoir que *la comtesse de Civry était, indiscutablement et de l'aveu de tous, la fille de feu Charles II.*

Cette question définitivement résolue, il ne restait plus aux héritiers du sang qu'à revenir devant la justice française pour se faire restituer la part réservée et inviolable que le Code civil défend, malgré tout testament contraire, d'enlever aux enfants dans la succession de leur père.

C'est ce qu'ils ont fait en adressant requête au président du tribunal de la Seine, à fin d'avoir l'autorisation d'assigner la ville de Genève devant ledit tribunal. J'ai pu obtenir communication de cette requête et de l'autorisation qui y a fait droit. Et, après une lecture attentive, je crois que les conseils de la ville légataire, en traitant si légèrement une affaire aussi grave, ont conduit leur cliente dans un chemin dangereux.

Au début, la fille du duc Charles se serait contentée du *minimum* que la loi française et genevoise accorde aux enfants qui se trouvent en présence d'un légataire universel [1]. J'ai même lu dans l'un des Mémoires publiés par elle ou par sa famille que, au cas où Genève eût donné satisfaction immédiate à ses droits légitimes et à ceux de ses enfants, elle aurait pris à sa charge la moitié du monument qui sert de sépulture à son père (ce qui faisait déjà près d'un million et demi). Elle aurait accepté le testament comme valable, malgré sa nullité légale ; elle n'aurait pas réclamé sa part sur ce que Genève a abandonné au duc Guillaume, en violation dudit testament, et enfin elle n'aurait exigé d'enquête ni sur les chiffres de la succession ni sur la façon dont la liquidation s'était faite.

Aujourd'hui la situation est bien changée.

Exaspérés par la longueur de la lutte dans laquelle ils ont vu mourir leur mère, exaspérés de plus en plus par les défis que les détenteurs de l'héritage semblent jeter à plaisir, non seulement aux sentiments les plus élémentaires de l'équité, mais aux représentants les plus élevés de la Justice, les petits-fils du duc Charles paraissent résolus à exercer leur droit dans toute sa rigueur.

Ils ne demandent plus à Genève leur simple part légale sur la royale succession qui lui est tombée des nues. Ils demandent au tribunal de la Seine l'annulation totale du testament, telle qu'elle a été déjà prononcée par le tribunal de Brunswick. Ils la demandent aussi pour violation flagrante des prescriptions du testament même.

De plus, le tribunal commettra un juge, assisté d'un notaire, pour procéder à une nouvelle et minutieuse liquidation des biens et valeurs constituant la succession ducale.

---

1. Voir la proclamation du vicomte de Civry : *Aux habitants de Genève.*

Et, enfin, chose beaucoup plus grave, les héritiers de
Civry ne seront plus seuls à lutter contre Genève : ils auront derrière eux les princes, régnants et non régnants, qui
devaient avoir part à la fortune du feu duc Charles et que
son testament a déshérités. La part des petits-fils de l'ex-
souverain sera largement augmentée par l'annulation du
testament; mais, comme la loi ne permet pas qu'ils aient la
succession entière, il restera bon nombre de millions qui
devront être partagés entre les princes de la famille.

En présence de cette situation, qui n'est pas un rêve
de romancier, puisque je l'ai vue, de mes yeux, exposée
tout au long sur papier timbré avec signatures officielles
à l'appui, je me demandais ce que M. Turrettini comptait
faire pour en tirer la ville dont il a la direction et la charge.

Quelle n'a pas été ma stupéfaction quand j'ai lu, dans la
Gazette des tribunaux du 1er août 1890, les lignes suivantes
à la fin d'un résumé très net et très précis de la cause !

C'est dans ces conditions que les héritiers de Civry ont assigné la
ville de Genève devant le tribunal de la Seine pour prononcer la
nullité du testament de Son Altesse Royale le duc Charles de Brunswick, comme acte fait par un incapable, et ordonner la restitution
de la totalité de la succession.

Ils demandaient, en conséquence, la vente, sur licitation, de tous
les immeubles dépendant de la succession, et la condamnation, dès
à présent, de la ville de Genève au payement d'une somme de
500 000 francs à titre de provision.

La ville de Genève ne s'est pas fait représenter.

Le Tribunal a donc prononcé défaut contre elle. (Trib. civ. de la
Seine : 1re Chambre. Présidence de M. Thureau. Audience du
31 juillet.)

Cette fois, je ne comprenais plus rien. L'attitude nébu-
leuse de Genève m'apparaissait comme celle d'un fantôme
enveloppé de brouillards, et, à mes yeux écarquillés, son
président se transformait en sphinx.

Pour avoir l'explication de l'énigme, je m'empressai de

consulter le *Journal de Genève,* et voici ce que j'y trouvai
(numéro du 5 août dernier).

Après avoir donné le compte rendu de l'audience du tribunal, l'organe de la ville légataire s'exprime en ces termes
textuels : *Il est surprenant que le tribunal de la Seine ait
consenti à prononcer un jugement par défaut contre la ville
de Genève.*

Mais ce qui est *surprenant* au suprême degré, pour tout
le monde, ô ville de Genève, c'est de voir une cité comme
la vôtre, dont l'honneur est en jeu et qui est accusée de
spoliation devant l'Europe entière, ne pas se défendre, rester muette comme une momie d'Égypte, et se laisser condamner en silence.

L'organe municipal essaie bien de justifier, par quelques
mots d'un laconisme embarrassé, cette injustifiable déser-
tion, en prétendant que le tribunal de la Seine est incompétent en vertu d'une disposition du traité qui règle, depuis
1869, *la compétence judiciaire et l'exécution des jugements
en matière civile entre les deux pays, disposition qui,* dit-il,
semble être ignorée du tribunal.

Accuser d'une pareille ignorance la première chambre
du premier tribunal de France semble, tout d'abord, une
défense quelque peu audacieuse et, en tout cas, très peu
habile, devant des juges qui sont précisément chargés de
décider s'ils sont, oui ou non, compétents. Ensuite, si vraiment il y avait une radicale incompétence, la ville devait
avoir hâte de le dire immédiatement et de le prouver très
nettement, pour empêcher le tribunal de s'engager dans
une fausse route et d'avoir plus tard à revenir sur ses pas,
ce qui est toujours désagréable pour des magistrats sérieux.

Le Conseil de Genève, il est vrai, ne paraît pas s'embar-
rasser pour si peu. Il décide lui-même, suivant son intérêt
ou son caprice, si les tribunaux étrangers sont compétents
ou incompétents. On rit encore aujourd'hui à Brunswick

du double jeu qu'il a jugé habile de jouer là-bas. Il s'est
d'abord fait représenter devant le tribunal ducal et la cour
d'appel, où il figurait sous la qualification de *défendeur
subsidiaire*, et, chose plaisante, il avait été réduit à prendre pour avocat l'un des signataires de la grande consultation rédigée en faveur de la fille du duc Charles. Il le fallait
bien, puisque tout le barreau brunswickois, sauf les sta-
giaires et les oubliés, avait signé à l'unanimité cette consultation décisive. Le rôle de cet avocat (le docteur Hornig) se
borna, du reste, à remettre au tribunal et à la cour, sans y
ajouter un seul mot, un mémoire rédigé à Genève.

Le succès de ce mémoire ne fut pas brillant, semble-t-il,
car le président Turrettini, jetant l'anathème à la Justice
Guelfe, jura de ne jamais paraître désormais, même sous
la forme d'un mémoire, dans ce prétoire maudit, et, malgré
toutes les assignations royales, ducales et présidentielles,
il refusa obstinément d'envoyer le plus petit représentant
devant la cour suprême.

Quand la Cour eut rendu son Arrêt, désormais sans appel
possible, ledit président redoubla ses anathèmes, en faisant
déclarer par ses journaux que toutes les décisions de tous
les tribunaux du Brunswick étaient pour lui nulles et non
avenues.

Toute cette bruyante forfanterie s'appuyait sur un misé-
rable jeu de mots destiné à éblouir les bonnes gens qui ne
connaissent rien aux questions de droit international.

Il est bien certain que les tribunaux de Brunswick n'avaient
pas le droit de condamner la ville de Genève à payer cinq
centimes aux héritiers d'une succession ouverte hors des
frontières du duché, et on ne leur a jamais demandé une
parcille absurdité. Toute la procédure à Brunswick ne pouvait consister et n'a jamais consisté qu'en ceci : devant le
tribunal ducal, devant la cour d'appel et devant la cour
suprême, il fallait établir et il a été établi, au-dessus de

toute contestation, tant par les déclarations officielles des Souverains et des Princes de la famille que par les documents les plus concluants, *que la comtesse de Civry était la fille du duc Charles.*

Or, ce point étant dûment réglé et cette constatation irrévocablement faite par-devant la Justice brunswickoise, il n'y avait plus possibilité de lui contester sa part dans la succession de son père, et n'importe quel tribunal, que ce soit celui de Paris ou de Genève, pourvu qu'il fût compétent, avait le devoir de donner protection et exécution à son droit, dans la mesure légale.

Voilà ce que les conseils et les conseillers de Genève n'ont jamais compris ou ont feint de ne pas comprendre.

Un trait suffit pour prouver jusqu'où l'ignorance ou l'erreur, volontaire ou involontaire, a été poussée et entretenue sur ce point capital.

Le 25 avril dernier (1890), le président Turrettini faisait encore publier, dans le Bulletin Officiel des séances de son Conseil, cette phrase pyramidale : « *Conformément à l'avis des deux notaires* et *des deux avocats de la ville* (je supprime ici les noms, pour ne pas les livrer à la risée publique), *il a été reconnu que* LA QUESTION DE LA FILIATION DE LA COMTESSE DE CIVRY NE CONCERNAIT PAS LA VILLE DE GENÈVE. »

Qui donc se serait jamais imaginé que la ville de J.-J. Rousseau pourrait pousser un jour la crédulité jusqu'à s'agenouiller devant de tels oracles et croire à de pareilles billevesées ?

Pour tout homme ayant l'ombre de sens commun et de jugement, toute la question de l'héritage reposait, au contraire, sur la qualité de la comtesse de Civry. Était-elle la fille du duc, oui ou non ? Si oui, elle avait indubitablement droit à la réserve légale dans la succession de son père. Si non, elle n'avait droit à rien.

C'était là la question capitale qu'il fallait résoudre avant

tout, c'était une question de fait qui ne souffrait pas d'é-
quivoque et que toutes les arguties, toutes les chicanes,
toutes les subtilités de tous les notaires et avocats de Genève ne pouvaient embrouiller ni obscurcir.

Les naïfs et les pointus diront peut-être : « Mais si les titres de filiation ont disparu dans un incendie, comment résoudre cette question, puisque la recherche de la paternité
est interdite ? »

D'abord, il ne s'agissait nullement de *rechercher* la paternité du duc, même après l'incendie de la chancellerie ducale. Il s'agissait simplement de *faire constater* une filiation éclatante comme le soleil et reconnue, en plein soleil,
par un souverain, sur le trône, dans l'exil, dans les circonstances les plus solennelles de la vie et sous toutes les
formes de manifestation que peut inspirer, dans sa pleine
indépendance, une volonté ne relevant que d'elle-même.

Ensuite, lors même qu'on voudrait, malgré l'évidence et
le bon sens, considérer cette revendication d'État comme
une recherche de paternité, l'action et le droit de la fille
héritière n'en eussent été ni paralysés ni compromis.

La recherche de la paternité est prohibée en France, c'est
vrai. Mais la France n'a pas la prétention d'imposer cette
défense à toutes les nations du globe, et la comtesse de Civry est née dans un pays où cette défense n'existe pas. De
plus, la France n'est pas un peuple de barbares, et si ses
législateurs ont cru pouvoir, sous la dictée d'un autocrate
de génie, inscrire dans la loi cette impitoyable prohibition,
ce n'est pas assurément pour le plaisir de faire des orphe-
lins et des déshérités : c'est parce qu'ils ont craint que la
recherche d'un père, qui se cache comme un criminel après
son crime, ne conduisît le juge à des investigations scanda-
leuses et souvent stériles. C'est la seule, l'unique raison,
et, il faut ajouter, la seule, l'unique excuse, d'une loi qui,
depuis près d'un siècle, a causé plus de maux et fait couler

plus de larmes qu'une armée ennemie en dix batailles.

Mais — justice soit rendue à qui la mérite — il n'est pas de jour où les magistrats n'en déplorent les déplorables effets, et il n'est pas de juriste, animé d'un souffle d'humanité, qui n'appelle de ses vœux la modification et l'adoucissement de cette loi draconienne.

En attendant, la loi existe, telle que l'a promulguée le grand capitaine qui avait l'oreille trop endurcie par le tonnerre de ses canons pour entendre le cri des mères; mais il faut se garder d'en exagérer les rigueurs et surtout de supposer que le législateur ait jamais eu la coupable pensée de faire volontairement la nuit quand on peut arriver légitimement à la lumière.

Chaque fois donc que les juges français, sans enfreindre la lettre de la loi et sans se lancer dans les dangereuses investigations défendues, ont la bonne fortune de trouver dans leur prétoire la preuve toute faite d'une filiation avouée par le père ou constatée par des juges étrangers, ils seraient des criminels ou des fous de ne pas l'admettre et de condamner à mort des innocents, sous prétexte qu'ils sont nés dans un pays où la loi admet, pour prouver la paternité ou la reconnaissance, des formes de preuves qui ne sont pas exactement calquées sur le modèle prescrit par le Code Napoléon.

Mais — qu'on se rassure — la magistrature française n'a pas l'intention de nous ramener au temps des sacrifices humains ni aux mystères des Druides.

La Cour de Cassation, les Cours d'Appel, les Facultés de Droit de Paris et des principales villes de France, ont parlé par la voix de leurs plus éminents magistrats, professeurs, bâtonniers et avocats (les Demolombe, Valette, Berthauld, Dufaure et vingt autres), et tous ont unanimement affirmé, dans des consultations magistrales, appuyées d'arrêts indiscutables, quels sont les principes juridiques régissant la cause pendante. Ces principes, à l'abri de toute controverse, ont été formulés dans les douze lignes que voici :

« **Si la filiation de la comtesse de Civry, comme fille du duc de Brunswick, Charles II, est prouvée et constatée devant les tribunaux du duché, cette constatation, soit qu'elle repose sur une possession d'état, sur une reconnaissance ou des documents équivalant à une reconnaissance, ou même sur une recherche de paternité, aura, en France et à Genève, toutes les conséquences d'une reconnaissance authentique, et attribuera à la fille du duc tous les droits héréditaires et de réserve que la loi française et la loi genevoise attribuent aux enfants reconnus.** »

Jamais question fut-elle posée avec une précision plus mathématique et une clarté plus saisissante ?

Ces principes sont la justice et la raison mêmes, et il n'est pas besoin d'avoir passé par l'École de droit pour les admettre et les signer des deux mains. Aussi, dans toute l'Europe les maîtres du droit s'empressèrent-ils de leur donner une éclatante adhésion.

Le plus célèbre juriste et publiciste de l'Allemagne [1] fit un commentaire si éloquent de cette déclaration de principes et un résumé si émouvant de la cause, que les cours des rois et les cours de Justice en furent profondément impressionnées.

Une adhésion, d'une éloquence moins élevée mais peut-être plus significative encore, vint se joindre à toutes les autres, en y ajoutant des arguments nouveaux tirés du lieu

---

1. Le Dr Léopold Neumann, professeur de Droit à l'Université de Vienne, conseiller aulique, membre de la Chambre des Seigneurs, etc.

Mort un mois avant l'archiduc Rodolphe dont il était l'ami, il eut l'honneur exceptionnel d'avoir sa biographie écrite et publiée par l'héritier de la couronne d'Autriche.

même où elle était signée. Pour la rédiger il avait fallu
quelque courage, car les signataires étaient... deux des
principaux avocats du barreau de Genève, dont l'un avait
été le conseil du duc Charles durant tout son séjour en cette
ville, puis du duc Guillaume lors des transactions succes-
sorales, et qui, aujourd'hui encore, est vice-président de
l'Assemblée Cantonale.

La question étant ainsi posée avec le concours unanime
des plus hauts représentants juridiques de tous les pays
intéressés dans le litige, il restait à connaître la réponse
qu'elle recevrait à Brunswick, et, quoi qu'en dise le président Turrettini, c'était là que se trouvait la clé du procès.

C'est à ce moment que la grande partie engagée deve-
nait véritablement intéressante, et, si la direction de la
ville légataire eût été confiée à des mains vraiment intel-
ligentes et loyales, un résumé sommaire et scrupuleuse-
ment exact de ce qui allait se passer dans la capitale des
États Guelfes eut dû être rédigé par les soins du maire-pré-
sident, pour être mis sous les yeux de son Conseil et, au
besoin, affiché sur les murs de la ville; on eût ainsi évité
le danger des mystères, des illusions et des mystifications.

Ce que le président n'a pas fait, un simple touriste, absolument étranger au débat, a entrepris de le faire, non seulement pour servir à ses études sur l'histoire contempo-
raine, mais pour obéir à d'augustes désirs que le respect et
le dévouement transformaient pour lui en un noble devoir.

Aujourd'hui, écœuré et indigné de lire les fariboles et les
mensonges par lesquels on défigure une cause qui, d'un
côté, touche à l'histoire, et, de l'autre, à la conscience publique, il veut exposer au grand jour ce rapide et sincère
résumé des principales phases qu'a traversées cet émouvant
litige. Le premier venu pourra ainsi, en parcourant quelques
pages, embrasser d'un seul regard tout le développement

de cette lutte juridique de dix ans, et, sans crainte de se tromper, dire lui-même le dernier mot.

A Brunswick, personne n'avait jamais mis en doute la justice de la cause, et la victoire de la comtesse de Civry était applaudie d'avance par tous les anciens sujets de son père. Quoique le résultat définitif dût se faire attendre, grâce aux nombreux degrés de juridictions, aux événements politiques et surtout aux obstacles venus de Genève, on fut bientôt fixé par les déclarations du duc régnant.

Oncle et parrain de la demanderesse, c'est lui que, en sa double qualité de chef de famille et d'héritier du duc Charles, elle avait dû mettre en cause pour faire constater juridiquement sa filiation. Sa position était fort délicate, par suite de la transaction que des motifs tout exceptionnels l'avaient amené à accepter de Genève, au sujet de sa part de succession. Cette sorte de *traité de paix* lui imposait une stricte neutralité dans la lutte qui allait s'engager, et même l'un des articles l'obligeait à convoquer la ville en cas d'une revendication quelconque sur l'héritage de son frère, ce qui ne lui laissait plus toute sa liberté d'action.

C'est dans ces conditions, quelque peu étranges, que le débat s'ouvrit devant le tribunal ducal, mais on ne tarda pas à voir que, lorsque le Souverain fut mis en face de sa conscience et d'un serment, il ne poussa pas le respect pour le traité de Genève jusqu'à se croire condamné au parjure.

Le Prince comparut par l'un des dignitaires de sa cour[1] pendant que son ministre de la Justice[2] et son avocat[3] restaient chargés des détails juridiques.

---

1. Le baron de Hantelmann, chambellan et grand trésorier du duc.
2. Son Exc. le docteur Triepps, l'un des négociateurs du traité de Genève.
3. Le conseiller Kaulitz, l'un des signataires de la consultation en faveur de la comtesse de Civry.

L'avocat[1] de la comtesse de Civry avait intenté une action préalable réclamant, avant tout, la délivrance des lettres patentes qui lui confirmaient solennellement la qualité de fille du Souverain et qui lui conféraient les titres nobiliaires de famille attachés à cette qualité, lesquelles lettres patentes, octroyées par le duc Charles en 1826, avaient été déposées dans la chancellerie ducale, ainsi que le certifiait la déclaration écrite et réitérée du directeur de ladite chancellerie (le baron d'Andlau).

Le duc régnant ayant affirmé qu'elles ne se trouvaient point en sa possession, l'avocat requit des recherches officielles et, en cas d'insuccès, le serment du Prince.

Le tribunal rendit un premier jugement disant que, *vu les justifications fournies par la demanderesse, 1° de sa filiation, d'ailleurs reconnue par le défendeur, 2° de l'exécution, du contenu et du dépôt des lettres patentes réclamées, le duc, s'il ne parvenait pas à les retrouver, serait tenu de prêter serment* QU'IL NE LES A PAS EN SA POSSESSION, QU'IL NE SAIT PAS OÙ ELLES SE TROUVENT ET NE LES A NI SOUSTRAITES NI DÉTOURNÉES.

Conformément à cette sentence, assez dure à l'égard d'un Souverain, *que néanmoins il accepta sans appel,* le duc ordonna les recherches les plus minutieuses dans toutes les archives de la famille et du duché.

Un jour on crut avoir enfin trouvé, non seulement les lettres patentes, mais les actes du mariage. C'était dans la ville ducale de Wolfenbüttel, près du château de Wendessen où était née et où avait été baptisée la comtesse de Civry. On venait d'y découvrir, au dépôt des archives de la dynastie régnante, des plis cachetés aux armes du duc Charles, datés de l'époque où il était encore sur le trône et portant à l'extérieur sa propre signature avec

---

1. Le conseiller Haeüsler, membre de la Diète des États de Brunswick et Blankenbourg.

celle de son premier ministre, le baron de Munchhausen.

Par Ordonnance du tribunal, l'ouverture solennelle en fut faite en présence du ministre de la Justice, des représentants de la comtesse de Civry et de l'avocat de Genève. Mais, à l'étonnement de tous, au lieu des documents cherchés, on trouva des décrets du feu duc réglant les cérémonies de ses funérailles... quand il avait 25 ans !

La comtesse de Civry, par déférence pour le duc régnant, son parrain, le dispensa de la prestation du serment et déclara se contenter des recherches ordonnées par lui [1].

Il y avait certes déjà là, pour elle, une première et capitale victoire, puisque l'existence des fameuses lettres patentes, déjà prouvée par les attestations écrites du directeur de la chancellerie, affirmant les avoir reçues en dépôt et spécifiant leur contenu, venait de recevoir une double et éclatante confirmation.

1° Le jugement même du tribunal déclarait formellement que l'existence de ces lettres patentes était suffisamment prouvée pour justifier une mesure aussi grave que la prestation du serment imposée au Souverain du pays.

2° L'acceptation, *sans appel*, de ce jugement et les recherches officielles ordonnées par le duc constituaient un aveu très significatif qu'il reconnaissait que ces lettres patentes avaient existé et pouvaient se retrouver.

D'ailleurs, la fille du duc Charles, — tout le monde le comprenait, — portait avec elle la preuve parlante, permanente et indiscutable, de ces lettres patentes, dans les titres mêmes qu'elle portait depuis sa naissance, que personne ne lui avait jamais contestés et qui ne pouvaient avoir leur origine et leur justification que dans ces parchemins disparus.

---

1. Voir, à l'Appendice, les extraits du jugement et la formule du serment.

L'instance principale revint alors devant le tribunal pour être jugée au fond. Un certain nombre de questions avaient été posées et notifiées d'avance au Prince, avec offre et demande de serment sur chacune d'elles.

Ce questionnaire, résumé sous forme de conclusions, exposait :

1° Que, en 1826, lady Colville, jeune Anglaise, âgée de 19 ans, et titrée comtesse, habitait le château de Wendessen, près Brunswick, où elle avait été installée par le duc Charles avec une sorte de cour et le train somptueux d'une princesse ;

Que ce château, où le duc était doublement le maître et comme souverain et comme châtelain, avait été, par ses ordres, brillamment restauré pour l'arrivée de la comtesse, que le mobilier et l'argenterie, blasonnés aux armes ducales, appartenaient à la couronne et qu'une partie en avait été apportée du palais de Brunswick ; que les serviteurs, les chevaux et les équipages étaient ceux du duc, et que tout le service était dirigé par le général de Girsewald, alors aide de camp et chambellan du duc Charles, depuis grand écuyer du duc Guillaume ;

2° Que la comtesse Colville, amenée d'Angleterre par le Prince accompagné de ses officiers, avait été reçue par le grand écuyer baron d'Oeynhausen et escortée, par ordre, jusqu'au château de Wendessen ;

3° Qu'il y avait des preuves nombreuses (sinon encore assez complètes et authentiques pour être immédiatement sanctionnées par décision judiciaire, du moins assez précises et dignes de foi pour ne laisser aucun doute) qu'un mariage secret ou morganatique avait été célébré à Londres avant le départ ;

4° Que, de plus, par les séjours fréquents et prolongés que le duc faisait alors dans ce château de plaisance, par les relations intimes dans lesquelles il vivait avec la comtesse Colville et par les honneurs dont il l'entourait, il semblait vouloir donner chaque jour à cette union une confirmation publique; que, bien loin de chercher à s'y entourer de mystère, il y recevait son frère, alors héritier du trône, ses ministres et les principaux dignitaires de sa cour; qu'il y entrait et en sortait avec son train habituel de souverain, tantôt dans son carrosse à six chevaux, précédé de piqueurs, tantôt à cheval, suivi de ses aides de camp en uniforme;

5° Que, de ses relations connues de tout le duché, était née, le 5 juillet 1826, une fille qui avait été considérée et traitée par tous, ouvertement et publiquement, comme la fille du duc; que le docteur Pockels, qui avait présidé à la naissance, par ordre du duc, était le premier médecin du duc, que le berceau était le berceau même du duc;

6° Que le baptême fut célébré le 17 août suivant, avec une pompe exceptionnelle, non par le pasteur de la paroisse, mais par le grand aumônier de la cour, élevé, tout exprès, la veille, à la plus haute dignité ecclésiastique du duché (*abbé de Michaelstein*); que le duc Charles et le duc actuellement régnant furent les parrains, assistés du grand écuyer baron d'Oeynhausen et du général baron de Girsewald, et que l'enfant y reçut les noms d'*Élisabeth-Wilhelmine*, noms de la mère des deux princes.

7° Que, quelque temps après, le duc Charles fit déposer dans les archives de la chancellerie ducale des lettres patentes confirmant, en vertu de son pouvoir souverain, la qualité de l'enfant comme sa fille et lui conférant les titres de comtesse de Colmar et de Blankenbourg.

8° Que, depuis le jour de sa naissance jusqu'à sa conversion au catholicisme, en 1843, la comtesse de Colmar a toujours été traitée, devant tous, par le duc, comme sa fille, et qu'il n'a cessé d'exercer vis-à-vis d'elle, de la façon la plus affectueuse mais aussi la plus absolue, l'autorité paternelle avec tous ses droits et tous ses devoirs, soit par lui-même, soit par ses ministres et chambellans, soit par les gouvernantes et institutrices choisies par lui avec le soin le plus minutieux.

9⁰ Que, en 1842, alors qu'elle habitait à Paris l'hôtel ducal, le duc la fit instruire dans la confession calviniste par le ministre Athanase Coquerel et la fit inscrire comme sa fille, dans l'acte officiel de confirmation, au registre de l'Oratoire du Louvre.

10° Que, même après l'abandon rigoureux qui suivit le changement de religion, le duc Charles donna néanmoins son consentement au mariage de la comtesse de Colmar avec le comte de Civry et se fit représenter à la cérémonie nuptiale, le 10 juillet 1847, par son chambellan le baron d'Andlau, qui en signa l'acte authentique, sur les registres de la chapelle de l'ambassade française à Londres où elle est inscrite comme fille du prince, avec ses titres et le nom de Brunswick.

A chacune de ces questions si précises et si minutieusement formulées, le duc régnant fit officiellement, devant le tribunal, **une réponse affirmative**, en stipulant seulement des réserves sur ces deux points : 1° le mariage morganatique, qui, d'un commun accord. fut laissé provisoirement en dehors du débat; 2° les lettres patentes, qui donnèrent lieu à un premier jugement dont on a vu ci-dessus le résumé.

Le duc ajouta, de sa propre initiative, *proprio motu*, qu'il n'avait été le parrain de la comtesse de Colmar que **parce qu'elle était la fille de son frère et parce que son frère la lui avait présentée comme telle.**

Après une pareille déclaration émanée d'un chef d'État et d'un chef de famille royale, on pouvait dire : *La cause est entendue!*

Mais la comtesse de Civry ne voulut pas se contenter de

cette reconnaissance faite par son père devant l'héritier du trône, quoiqu'elle fût parfaitement suffisante, aux yeux de la loi de Brunswick, pour prouver la paternité. Elle voulut qu'on réunît et qu'on produisît devant les juges tous les documents et témoignages établissant que le duc Charles l'avait reconnue publiquement, en plein soleil, de vingt autres façons et en cent autres circonstances.

On avait d'abord fait appel aux souvenirs d'anciens officiers de la cour du duc Charles et de quelques personnages notables de l'époque. Mais bientôt tous les vieux serviteurs du château de Wendessen et tous les survivants parmi les personnes attachées, à un titre quelconque, au service de la comtesse Colville ou de la comtesse de Colmar, depuis les dames d'honneur jusqu'à la nourrice, depuis les chambellans et les écuyers jusqu'aux piqueurs et aux valets de pied, vinrent apporter le récit de tout ce qu'ils avaient fait et vu dans ce beau Trianon brunswickois, avant et après la naissance, aux fêtes du baptême, etc., etc. Il y eut une telle affluence que le conseiller de Justice chargé d'inscrire leurs dépositions et de recevoir leur serment s'écria un jour en riant : *Mais, en voilà assez! Si l'on veut entendre tous ceux qui savent que la comtesse de Colmar est la fille du duc Charles et qu'elle a toujours été reconnue comme telle dans le duché, il faut ouvrir les fenêtres et appeler les passants.*

Une partie seulement de ces témoignages, triés, traduits et imprimés, forme un gros volume des plus intéressants à consulter. N'en voulût-on extraire que les points les plus importants, il faudrait des pages et des pages. Mais ils n'ont plus aujourd'hui qu'un intérêt historique, puisque les arrêts de la Justice les ont rendus superflus au point de vue judiciaire.

Quelques noms cependant sont dignes d'une exception et utiles à relever dans cette interminable liste.

Le général de Girsewald, ancien aide de camp du duc Charles et surintendant de la maison de la comtesse Colville, chargé par le duc Guillaume dont il était devenu le grand écuyer, de remplir, près de la comtesse de Civry, en 1850, une mission intime et confidentielle.

Le général de Lauingen, grand maréchal de la cour du duc Guillaume, chargé aussi par lui d'une mission auprès du prince Gustave de Wasa (fils du roi de Suède Gustave-Adolphe IV et père de la reine actuelle de Saxe), au sujet des documents constatant la reconnaissance officielle de la comtesse de Civry.

La baronne Adélaïde de Lauingen, tante du général et épouse de M. de Scholz, conseiller à la cour suprême de Brunswick. Elle était l'une des dames formant la petite cour de Wendessen, et elle rappelle que sa famille, ayant son château domanial dans le voisinage, entretenait des relations suivies avec la comtesse Colville. Sa déposition donne des détails très précis sur le bassin d'or ciselé qu'on apporta du palais de Brunswick au château de Wendessen pour le baptême de la comtesse de Colmar et sur lequel on grava son nom à la suite de ceux des princes et princesses du sang déjà baptisés dans ce bassin historique, réservé depuis des siècles à la famille des Guelfes. Elle affirme ensuite, comme la plupart des autres témoins, que la reconnaissance officielle de l'enfant par le duc son père était de notoriété publique et au-dessus de toute contestation.

Miss Phœbé Matthews Fitz-Gerald, descendante par sa mère des illustres Fitz-Gerald d'Irlande, ducs de Leinster, etc. Choisie, au moment du mariage secret, par le duc Charles, sur la recommandation de son oncle le duc de Sussex (oncle de la reine Victoria), elle fut chargée d'accompagner, en qualité de demoiselle d'honneur, la comtesse Colville à son départ d'Angleterre. Elle ne partit que sur l'affirmation formelle, donnée à sa mère et à son frère,

par le duc lui-même, que le mariage morganatique venait
d'être célébré. Arrivée à Paris, avec le Prince et la nouvelle
mariée, elle y séjourna quatre mois avec eux et fut présentée au duc Guillaume, qui était venu y retrouver son
frère. Elle accompagna ensuite la jeune comtesse, quand
s'effectua le départ pour le duché, et elle était présente
quand le duc la fit recevoir à la frontière par son grand
écuyer, le baron d'Oeynhausen, le même qui avait été
chargé de le recevoir, deux ans plus tôt, à l'entrée de ses
États, lors de sa prise de possession du trône.

Installée avec elle au château de Wendessen, ce fut elle
qui portait la comtesse de Colmar à la cérémonie baptis-
male, quand le grand aumônier de la cour la baptisa, en
présence des grands officiers de la couronne, avec le bassin
d'or et la célèbre aiguière d'onyx, que Genève a été obligée
de restituer et que l'on admire aujourd'hui au musée ducal
de Brunswick.

Sa déposition, qui remplit dix pages, est d'une importance capitale.

Le chanoine Jodocus Meyer, curé-doyen de l'église Catholique de Brunswick, et le pasteur émérite Rüdemann, ministre protestant de Wendessen, tous deux déjà en fonctions
lors de la naissance de la comtesse de Civry. Leurs affir-
mations, qui empruntent une valeur exceptionnelle à leur
caractère sacerdotal et à leur considération personnelle,
sont aussi précises que concluantes sur la reconnaissance
de l'enfant, sur les splendeurs du baptême et sur le respect
dont la comtesse Colville était universellement entourée.

Deux paroles, qui font grand honneur au duc Charles et
qui montrent de quelle hauteur il lui a fallu tomber pour
mourir comme il est mort, méritent aussi d'être recueillies.

Le baron de Sommer, l'un de ses plus dévoués officiers
d'ordonnance, qui l'accompagnait dans son exil, dépose
que, lorsque, le 7 septembre 1830, à la tête des hussards de

sa garde et entouré de ses fidèles, il quitta sa capitale en révolution et son palais en flammes, il s'arrêta tout à coup, se retourna vers ce sombre tableau éclairé de lueurs sinistres, puis il enfonça l'éperon dans les flancs de son cheval et s'écria à haute voix : *En route pour l'Angleterre! Si j'ai perdu mon trône, il me reste ma fille.*

Lady Caldwel, femme du gouverneur des Invalides de la marine anglaise, dépose à son tour que, aussitôt après son arrivée à Londres, le duc vint la trouver, avec l'un de ses chambellans, pour lui proposer de se charger de l'éducation de l'enfant, et qu'il acheva la longue série de ses recommandations par ces mots : *Je veux que ma fille soit élevée de façon à être la consolation et la joie de ma vieillesse.*

Le lendemain, à sa villa de Kensington (près le palais où est née la reine Victoria), la petite comtesse de Colmar, âgée de 4 ans, lui était amenée par miss Phœbé Matthews et le chambellan, dans un équipage à quatre chevaux, avec trousseau et argenterie aux armes royales de Brunswick.

La déposition se termine par cette phrase significative : *Je dois ajouter que, tant par principes que par respect pour notre position sociale, ni ma mère, qui habitait alors avec nous, ni mes sœurs, ni moi-même, nous n'aurions consenti à recevoir la comtesse de Colmar, si nous n'avions pas été parfaitement assurées qu'elle avait été publiquement et ouvertement reconnue comme fille légitime du duc de Brunswick. Il nous fut certifié que le duc lui avait octroyé des lettres patentes, dûment enregistrées dans sa chancellerie, lui donnant, par là, un rang élevé dans la Confédération Germanique.*

Il est à noter que de toutes les dépositions, comme de celle-là, il ressort que, depuis le château de Wendessen, où les voitures de la comtesse de Colmar et tous les objets à son usage portaient l'écusson ducal, il en a été de même en Angleterre et en France, partout où elle a vécu, soit chez son père, soit dans les châteaux ou hôtels qu'il lui assignait pour résidence. Ses cachets, l'un en or massif, l'autre en pierre précieuse, portaient également, ainsi que son papier à lettres, les armoiries des Guelfes, avec le manteau et la couronne fermée.

Si les actes d'un souverain ont une signification, c'était là assurément une nouvelle reconnaissance formelle et éclatante, qui confirmait éloquemment toutes les autres.

Parmi tous ces témoignages si décisifs, il en est un qui a droit à une attention spéciale, d'abord parce qu'il affirme le mariage du duc comme un fait de notoriété publique, et ensuite parce que, venant de la Suisse, il trouvera peut-être grâce devant les dédains du président de Genève.

Le nom d'Einsidlen est connu de tous. Sa célèbre abbaye de bénédictins lui a conquis, depuis dix siècles, une renommée qui rayonne non seulement sur toute la Suisse, mais dans l'Europe entière. Or, l'un des religieux qui vient d'y mourir, et qui, depuis de longues années, lui faisait le plus d'honneur, tant par la considération personnelle dont il était entouré que par la valeur de ses travaux historiques et littéraires, était un Brunswickois. Devenu catholique par une conversion qui fit grand bruit, il revêtit la robe de Saint-Benoît, et, tout absorbé qu'il était par son travail de mineur, dans l'obscurité de sa cellule et la poussière des bibliothèques, il se révéla au dehors par l'éclat de sa plume. Brillant écrivain en allemand et en français, il a, par son éloquente traduction, popularisé dans toute l'Allemagne l'œuvre magistrale du comte de Montalembert, *les Moines d'Occident;* il a publié, dans les deux langues, de précieux travaux de philosophie et d'histoire, qui sont des monuments, et il a laissé derrière lui de durables souvenirs de sa haute intelligence, de sa science profonde et de son grand cœur.

Il se nommait *Dom Charles Brandès*, et il n'a pas hésité à quitter un instant son nid d'aigle pour donner l'important témoignage dont voici quelques extraits :

« Il reste indestructiblement gravé dans ma mémoire
« que, en 1826, tout le monde à Brunswick se préoccupait
« de l'avenir dynastique de l'antique Maison des Guelfes ;
« qu'on regrettait que le duc n'ait pas mis à côté de lui,
« sur le trône, une compagne princière (*eine ebenbürtige*
« *Fürstin*) ; qu'il **avait contracté un mariage secret**
« **et morganatique** avec une dame anglaise qui avait
« alors sa petite cour à Wendessen, à quelques lieues de
« la capitale, et que, enfin, de cette union venait de naître
« une fille **reconnue par le duc comme sa fille**. C'est
« tout ce que je retrouve à ce sujet dans mes souvenirs.

« Vingt ans après, à Paris, arrivant un jour chez
« Mgr Parisis, évêque de Langres, ce saint et illustre prélat
« me présenta, comme ma compatriote, une jeune dame
« qui était l'enfant née au château de Wendessen : c'était
« *Mme Elisabeth-Wilhelmine de Brunswick, comtesse de*
« *Blankenbourg*. Dans l'entretien que j'eus .l'honneur
« d'avoir avec elle, je fus frappé de l'élévation et de la fer-
« meté d'esprit, de la distinction et de la noblesse de ca-
« ractère qui brillaient en elle. Depuis lors, elle ne vivait
« dans ma mémoire que sous le nom et avec les titres de
« mon pays natal, qu'elle tenait de son père le duc Charles
« de Brunswick. J'ignorais, dans ma solitude monastique,
« que *Mme Elisabeth-Wilhelmine de Brunswick* fût entrée
« dans la noble famille qui, lorsque j'ai eu l'honneur de la
« connaître, abritait le sort douloureux auquel son père,
« si tristement déchu de toute dignité, l'avait condamnée
« depuis son retour à l'église Catholique. C'est depuis
« quelques jours seulement que j'ai appris qu'elle était de-
« venue *comtesse de Civry*. »

Le président de Genève ne pourra du moins pas objecter

à ce témoignage venu de Suisse qu'il a été acheté ou capté par une longue série de supplications ou d'assiduités.

Inutile de parler maintenant de toutes les correspondances des ministres, des dignitaires et fonctionnaires de tout rang que, pendant son règne, le duc Charles avait chargés de missions relatives à sa fille. Il en est de même de celles des chambellans, des institutrices et des serviteurs de tout ordre qui remplissaient près d'elle une fonction commandée par lui. Chacune de ces lettres était un témoignage de plus à l'appui de sa cause, mais il y en avait de tels monceaux que les juges en ont pu lire à peine quelques-unes.

En sus de tous ces témoignages écrasants, il y avait *deux actes officiels* émanant de l'autorité civile et de l'autorité religieuse, tous deux proclamant d'une façon irréfutable la reconnaissance du duc.

En 1842, la comtesse de Colmar habitait, à Paris, l'hôtel de son père (situé aux Champs-Élysées, n° 52, devenu plus tard la résidence de la reine Christine et aujourd'hui de la duchesse d'Uzès). Ramenée d'Angleterre en 1836 par miss Phœbé Matthews, sa première gouvernante, elle y avait été installée par ordre du Prince, et placée sous la direction du baron d'Andlau, premier chambellan, et de la baronne sa femme. Elle avait alors pour institutrice Mme d'Occagne (belle-mère du célèbre docteur Tardieu, doyen de la Faculté de médecine de Paris). Le duc avait confié son éducation religieuse au pasteur Athanase Coquerel, le premier de tous les ministres protestants de France, et le 15 mai elle recevait de ses mains la Confirmation à l'Oratoire du Louvre. Or, l'acte officiel de Confirmation (qui, chez les protestants, a une importance presque égale à celle du baptème) inscrit sur les registres de l'Oratoire et signé *Athanase Coquerel*, porte, à côté du nom de l'enfant, cette mention :

Noms et prénoms du père : Charles-Frédéric-Auguste-Guillaume, duc de Brunswick, etc.

Domicile : Paris, avenue des Champs-Élysées, n° 52.

En 1847, la comtesse de Colmar, abandonnée par son père, après avoir habité, pendant quatre ans, à titre de maternelle hospitalité, le château de la comtesse douairière de Civry, allait épouser le fils aîné de celle qui lui avait servi de mère.

Le duc étant installé depuis plusieurs années à Londres, c'est là que, sur son désir, le mariage dut se célébrer. Non seulement il donna son consentement formel, mais il chargea son premier chambellan de le représenter à la cérémonie, de donner en son nom, comme pièce commémorative, une énorme pièce d'or à son effigie, et de signer les actes officiels, où la mariée était inscrite comme sa fille, avec le nom de Brunswick comme nom de famille.

Le *Times* et les principaux journaux de Londres annoncèrent le mariage en ces termes :

Samedi 10 *de ce mois* (juillet 1847), *à la chapelle de l'Ambassade française, mariage de la comtesse de Colmar, etc., fille de S. A. R. le duc de Brunswick, Charles II, avec le comte de Civry, etc.*

Le 20 juillet, le duc faisait expédier à toutes les Cours, par son chambellan, ces lettres de faire-part surmontées de la couronne royale :

Le baron d'Andlau, ancien conseiller d'État et chambellan actuel de Son Altesse Royale Monseigneur le prince Charles d'Este-Brunswick, Duc Souverain de Brunswick et Lunebourg, etc., etc., a l'honneur de vous faire part du mariage de l'auguste fille de Son Altesse, Madame Élisabeth-Wilhelmine d'Este-Brunswick, comtesse de Colmar, etc., avec Monsieur le comte Eugène de Bar, comte de Civry, etc.

Londres, 20 juillet 1847.

Tel est le résumé approximatif de l'inventaire du gigantesque dossier soumis aux tribunaux de Brunswick.

Quant au langage que le duc régnant avait tenu officiellement aux juges chargés de rendre la Justice en son nom, il peut se résumer exactement et fidèlement, en langage vulgaire, par ces simples mots : « Une femme vient vous « demander de dire, du haut de vos sièges, si elle est, oui « ou non, la fille de mon frère, votre ancien Souverain. « Eh bien ! moi, Guillaume I⁰ʳ, votre Souverain actuel, je « viens vous jurer, devant Dieu et devant les hommes, « qu'elle l'est véritablement, qu'elle est ma nièce et qu'elle « est ma filleule. »

En face d'un pareil langage, en face des montagnes de preuves qui se dressaient devant eux, que pouvaient répondre les juges? Pouvaient-ils dire *non*, quand le chef de la famille et le chef de l'État, d'accord avec la voix inéluctable de la vérité et la voix unanime de tous, disait *oui?*

Aussi le tribunal ducal a-t-il dit dans son jugement : « *La filiation de la comtesse de Civry est désormais au-* « *dessus de toute contestation : le défendeur* (duc régnant) « *l'a, lui-même, formellement reconnue.* »

La cour d'appel, dans son arrêt, a reproduit en ces termes l'affirmation du tribunal :

« *La descendance de la demanderesse comme fille du duc* « *Charles et lady Colville est reconnue, d'après l'aveu même* « *du défendeur* (duc régnant). »

La cause est venue enfin devant la Cour Suprême. La comtesse de Civry était morte, mais elle était représentée par son mari et ses enfants.

Le duc Guillaume était mort, mais il était représenté par ses parents et héritiers, Albert I⁰ʳ, roi de Saxe, et Ernest-Auguste de Brunswick-Hanovre, duc de Cumberland.

Or, ce Chef régnant de la Maison royale de Saxe et ce

nouveau Chef de la Maison royale de Brunswick ont confirmé devant la cour suprème, par une nouvelle et formelle adhésion, la reconnaissance de cette filiation, déjà solennellement affirmée par le dernier Chef de la branche aînée des Guelfes.

La cour n'avait, pour ainsi dire, qu'à enregistrer et à homologuer cette reconnaissance s'ajoutant à toutes les précédentes, et c'est ce qu'elle a fait en déclarant, comme le tribunal ducal et la cour d'appel l'avaient déjà constaté, que la qualité de la comtesse de Civry, fille du duc Charles, était au-dessus de toute contestation.

A cet ensemble formidable de preuves authentiques et de dépositions judiciaires, représentant le témoignage d'un État tout entier, son Souverain en tète, et sanctionnées par la Justice du pays à tous ses degrés de juridiction, que pourrait-on opposer maintenant?

Comme défense, il ne reste guère au Conseil de Genève que le mot olympien lancé du haut de la tribune le 25 octobre dernier par le président Turrettini, en réponse à la noble et éloquente apostrophe du président de la Cour Suprème de Brunswick;

« *Les tribunaux de Brunswick ne sont nullement compétents dans cette affaire.* »

Les héritiers du duc Charles ont entre les mains des armes plus sérieuses et ils ont déjà commencé à s'en servir.

Leurs avocats et avoués ont lancé — on le sait — le 6 février dernier, avec autorisation donnée par le président du tribunal de la Seine, *sur le vu des pièces,* assignation à la ville de Genève de comparaître, *à trois jours francs,* outre les délais de distance, devant ledit tribunal.

Or, cette assignation, dont chaque mot est profondément étudié, établit de façon péremptoire :

1° Que le testament du duc est radicalement nul et a déjà été annulé, par jugement du tribunal de Brunswick, le

30 juillet 1879, en conséquence de l'interdiction qui avait
été prononcée, les 6 février et 14 mars 1833, par le tribunal de famille composé du roi d'Angleterre, du duc régnant
de Brunswick, du duc de Cumberland, du duc de Cam-
bridge, vice-roi de Hanovre, et du duc de Sussex, tous
princes de la dynastie des Guelfes; interdiction qui avait
été confirmée par toutes les juridictions du duché et qui,
insérée au *Bulletin des Lois*, a été appliquée durant quarante ans jusqu'à la mort du Prince, après lui avoir été
notifiée judiciairement, le 12 avril 1833, par commission
rogatoire du Gouvernement Brunswickois au Gouvernement Français.

2° Que la ville de Genève a formellement reconnu elle-
même la légalité de cette interdiction par le traité passé le
6 mars 1874 avec le duc régnant, en abandonnant à ce
Prince toute la partie de la succession qui se trouvait entre
les mains de la curatelle instituée en vertu de ladite interdiction agnatique.

3° Que, de plus, la ville de Genève, en livrant subrepti-
cement à l'un des parents du feu duc une part importante
de la succession pour se faire abandonner l'autre part d'un
legs aussi injustifiable qu'illégal, a annulé elle-même le
testament, puisqu'elle en a violé ainsi la clause fondamen-
tale qui lui interdisait d'entrer en aucune espèce d'arrangement avec aucun membre de la famille.

A des arguments si décisifs quelle réponse allait faire
la ville légataire?

Le président Turrettini, qui plaide et bataille si volon-
tiers contre les héritiers du duc dans son conseil municipal
et dans ses journaux, n'avait pas encore donné signe de vie
depuis le 6 février, lorsque, le 31 juillet, la 1re chambre du
tribunal de la Seine prononça défaut contre Genève.

Les questions était cependant assez graves et assez nettement posées.

En conséquence de la nullité absolue et de la violation flagrante du testament, l'assignation requérait la restitution de la totalité de la succession, la nomination d'un notaire pour la liquidation des biens laissés par le feu duc, la vente, à l'audience des criées du tribunal de la Seine, de tous les immeubles dépendant de la succession, enfin l'attribution aux héritiers de la Maison de Brunswick, de la part qui leur revient, et aux héritiers de la comtesse de Civry, de la réserve légale qui leur appartient.

De plus, elle demandait que Genève fût préalablement condamnée à payer aux requérants la somme de *cinq cent mille francs* (500 000 fr.) à titre de provision.

Ne voulant pas donner immédiatement le demi-million et n'ayant pas sans doute de très bonnes raisons à produire pour justifier son refus, elle préféra s'abstenir et se taire.

Le président pensa qu'il suffirait de dire le lendemain, comme pour ceux de Brunswick : « *Les tribunaux de France ne sont nullement compétents dans cette affaire.* »

Et, en effet, il fit déclarer, par son *Journal de Genève* (n° du 5 août 1890), que, en vertu de la convention de 1869 passée entre la France et la Suisse, le tribunal de la Seine était incompétent et qu'il était surprenant que cette Convention soit ignorée des juges.

Malheureusement, c'est le Conseil de Genève et non pas le tribunal de la Seine qu'on doit accuser d'ignorance. L'article 1er qu'il invoque s'applique à des litiges d'argent ou de marchandises entre particuliers ou commerçants. Mais il ne s'agit pas ici d'un débat entre un épicier français et un horloger suisse. Il s'agit d'une succession laissée par un prince domicilié en France et composée en partie d'immeubles situés en France.

Or, précisément, les articles 4 et 5 de cette Convention prescrivent que, dans les questions relatives aux succession; et aux immeubles, la compétence se réglera suivant le domicile légal du défunt et la situation des biens.

La situation des immeubles ne peut faire aucune espèce. de doute, puisqu'ils sont à Paris.

Le domicile du Prince n'en peut faire davantage, puisqu'il y habitait et y possédait, outre son hôtel depuis près de quarante ans, tout ou partie de sa fortune mobilière ; puisque, dès 1835, devant le tribunal de la Seine, il s'était déclaré lui-même domicilié à Paris et soumis à la juridiction parisienne ; puisque, enfin, le 23 septembre 1873, une Ordonnance du président actuel de ce même tribunal déclara, pour l'ouverture de la succession ducale, relevant de sa compétence, que le *domicile légal* du duc était à Paris, 15, rue Beaujon, et qu'il n'avait à Genève qu'*une demeure momentanée*.

En contradiction formelle avec cette Ordonnance demandée, acceptée et exécutée par la ville légataire, le président Turrettini n'oserait pas assurément soutenir que l'hôtel Beau-Rivage, où le Prince *logeait à la journée*, était son domicile légal ; surtout quand il est prouvé qu'il venait de faire restaurer son hôtel de Paris pour y rentrer, que, à Genève, au contraire, tout était prêt, emballé, pour le départ, et que le lendemain il allait prendre le train avec toute sa suite, s'il n'avait pas été... surpris par la mort.

Donc, la Convention de 1869, bien loin d'être un bouclier, est pour Genève une terrible épée de Damoclès, car l'article 5 dit en conclusion :

« Il est, du reste, bien entendu que les jugements rendus
« en matière de succession, par les tribunaux respectifs,
« seront exécutoires dans l'un et l'autre pays, quelles que
« soient les lois qui y sont en vigueur. »

Si tout cela était une illusion, il était bien facile à Genève de le dire au tribunal de la Seine.

Elle a à Paris un avocat qui sait parler, et parler français, car il est de l'Académie française.

Il sait parler avec autorité, car il jouit de l'estime et de la considération de tous, en France et hors de France.

Il plaide même et admirablement... pour. rien (ce qui doit plaire à ceux qui ne veulent pas payer) : il l'a prouvé à l'époque des fameux Décrets, lorsque, sans vouloir accepter d'honoraires, il ferma son cabinet pendant trois mois pour préparer la défense des Ordres Religieux et rédiger cette mémorable consultation, qui a eu l'honneur d'être contresignée par environ trois mille avocats de tous les barreaux de France.

Enfin, il ne recule même pas devant les causes perdues : il défend avec sa plus chaude éloquence ceux qui ne veulent pas être défendus et qu'il sait condamnés d'avance : il l'a vaillamment prouvé dans le procès du duc d'Orléans, lorsque, s'adressant à ses juges, il leur jeta ce cri parti du fond des entrailles : « Je suis sûr qu'il n'en est pas un seul d'entre vous, Messieurs, qui ne se dise en ce moment au fond de sa conscience : *J'aimerais mieux avoir à le défendre qu'à le juger !* »

Est-ce que, par hasard, cet illustre avocat, doublé d'un homme de cœur, se serait souvenu des belles paroles du président de la haute cour de Brunswick, et qu'il les aurait mises en parallèle avec le langage du président de la municipalité de Genève ? Est-ce que, par hasard, du haut de ses fières montagnes du Dauphiné, il aurait porté un regard attristé du côté de la ville légataire, et, retournant son grand mot du 12 février dernier, il se serait dit tout bas : *J'aimerais mieux avoir à la juger qu'à la défendre !*

Un jour, après avoir subi, de la part de son père, vingt années de rigueur et d'abandon, la comtesse de Civry se vit dans la douloureuse obligation de s'adresser à la Justice pour obtenir de lui qu'il prélevât sur ses millions, non pour elle, mais pour ses enfants, l'obole nécessaire à leur éducation. Au lieu d'entr'ouvrir son cœur et sa main, le duc écrivit à Berryer pour le prier de se charger de sa défense. Un chèque de 50 000 francs accompagnait la lettre.

Le prince des orateurs, qui avait l'âme à la hauteur de son éloquence, lui répondit ces simples mots :

Monseigneur,

Si j'ai défendu Votre Altesse Royale contre le roi d'Angleterre et les puissants Princes de Votre famille c'est que Vous aviez raison. Mais je refuse de Vous défendre aujourd'hui contre la comtesse de Civry, Votre fille, parce que Vous avez cent fois tort.

Signé : BERRYER.

La France serait-elle, par hasard, à la veille d'apprendre que le grand Berryer n'est pas mort?

POST-SCRIPTUM

Au moment de signer ces pages et de les envoyer à
l'imprimeur, je suis saisi d'un étrange scrupule.

Quand elles tomberont sous les yeux du Conseil de
Genève et de son président, ne serait-il pas possible que,
en y trouvant, à leur adresse, quelques vérités exprimées
en termes un peu vifs, l'idée leur vînt de me prendre pour
un avocat des petits-fils du duc de Brunswick, ce royal
bienfaiteur qui commence à se transformer, pour eux, en
un horrible cauchemar?

La supposition n'aurait, parbleu! rien d'absurde ni de
criminel, car ils ont toute raison et tout droit de s'attendre
à être traités de pareille façon et même beaucoup plus
durement, quand ils se trouveront, à la barre d'un tribu-
eal, face à face avec les avocats d'une famille qu'ils ont
dépouillée d'un assez beau nombre de millions et qu'ils
ont condamnée à dépenser plus de 300 000 francs pour
revendiquer légitimement cet héritage paternel dont elle
attend encore le premier centime.

Ils se tromperaient pourtant, cette fois encore, comme
ils l'ont déjà fait tant de fois, dans cette triste campagne
qui ne paraît devoir leur rapporter ni grand profit ni surtout grand honneur.

J'ai toujours aimé passionnément le droit, et je l'ai défendu, chaque fois et autant que je l'ai pu ; mais ce n'est pas, le Code sous le bras... c'est, l'épée à la main.

Je ne suis pas un avocat, je suis simplement un soldat,

D'ailleurs, les héritiers du sang, qui ont eu jusqu'alors, pour soutenir leur cause, les premiers avocats de l'époque, ont aujourd'hui, à la tête de leur conseil de défense, M⁰ Waldeck-Rousseau, qui, avec un droit aussi éclatant et sans le secours de personne, suffit pour leur assurer la victoire. S'ils en avaient besoin, ils auraient demain le concours de tous les avocats de France. Ils n'ont donc que faire d'un avocat sans diplôme, qui ne serait pas même digne d'une ombre d'honoraires et qui, lui en offrît-on, ne les accepterait pas.

Je ne connais rien ni à la science ni aux subtilités des juristes, et je serais bien en peine de citer seulement dix articles de la Loi, quoique l'un d'eux proclame que nul ne doit l'ignorer. Mais il y a un droit qui est au-dessus du Code et qui est écrit dans le cœur de l'homme. Souvent il est écrit aussi dans le Code et c'est une grande joie, pour les gens de cœur, lorsque, dans une même cause, ils trouvent réunies et parfaitement d'accord la voix de la conscience et la lettre de la loi.

C'est ce que j'ai eu le bonheur de trouver dans la cause émouvante à laquelle je viens de consacrer quelques jours et quelques pages. J'y ai été amené par cette grande voix du président de la haute cour de Brunswick qui a eu, aux plus lointaines extrémités de l'horizon, un écho si prolongé.

Quand j'ai vu ce noble vieillard, du haut du siège le plus élevé de la magistrature, s'élevant lui-même, d'un élan spontané, au-dessus des discussions de la loi écrite et des règles de l'étiquette judiciaire, s'adresser, en face de l'Europe, à un roi, à un chef de dynastie et à une ville presque

souveraine, pour faire appel à leur conscience en faveur
de la fille, *odieusement spoliée*[1], de son ancien Souverain,
mon sang a battu le rappel et, un instant, je me suis cru
transporté en ces grands jours de la Chevalerie où Henri
le Lion et saint Louis rendaient la justice sous un tilleul
ou sous un chêne.

A deux cents lieues de l'enceinte où elles avaient été
prononcées, les paroles du vieillard allèrent frapper au
cœur un prince qui n'a jamais su rester froid devant ce qui
est grand et devant ce qui est touchant.

Quelque temps après, il fut convenu avec lui que j'irais
étudier à fond, sur les lieux mêmes où s'étaient accomplies
chacune de ses phases principales, ce roman qui a commencé sous les crépines d'or d'un trône et qui va se dé-
nouer dans le prétoire de la Justice.

Mis en rapport avec les personnages les mieux placés
pour me fournir toutes les lumières nécessaires et m'ouvrir
les sources les plus sûres d'information, j'eus de longues
conférences avec des avocats, des magistrats même, qui
voulurent bien m'expliquer les questions de Droit de façon
si lucide que je pus saisir tous les points juridiques de la
cause, comme si j'avais passé ma jeunesse dans les plus
savantes Facultés de France et dans les plus célèbres Uni-
versités d'Allemagne.

On m'entr'ouvrit des dossiers de famille et même des
archives d'État. Je visitai les palais et les chaumières pour
y recueillir les récits des puissants et des humbles.

Bientôt je me trouvai en état de faire un résumé aussi
complet et aussi minutieux de ce drame, moitié dynastique, moitié judiciaire, que si j'eusse été le diplomate le
plus consommé et le mieux renseigné.

A mesure que la lumière entrait dans mon esprit, la

---

1. Le mot est textuel. Voir la *Gazette des tribunaux*, n° du 4 oct. 1889.

sympathie, d'une part, et l'indignation, de l'autre, entraient dans mon cœur. Le même effet ne tarda pas à se produire chez le prince, et, d'un rapport presque confidentiel, surgit la pensée d'en extraire tout ce qui pouvait se publier, sans manquer à la discrétion et aux convenances, afin d'éclairer l'opinion en France et en Suisse.

En France, malgré les lambeaux de comptes rendus, plus ou moins fidèles, qu'ont publiés les journaux, on ne connaît véritablement pas cette cause qui, par l'importance des personnages qu'elle met en scène et par la gravité des questions qu'elle soulève, plus encore que par le chiffre des millions, est l'une des plus intéressantes du siècle.

Or, puisque c'est à Paris qu'elle va se juger et qu'il y a un intérêt national en jeu, il est bon que l'opinion publique, qui est aussi un tribunal et qui, surtout en ces grands litiges internationaux, a aussi son mot à dire, y soit saisie et renseignée.

Il est bon, enfin, qu'on sache, en France, de quel côté sont les sympathies dans le pays où la plupart des faits se sont passés, où les décisions capitales de la Justice ont déjà été rendues et où, par conséquent, l'on est mieux à même de se prononcer.

Dans tout le Brunswick, l'opinion unanime, depuis les plus hauts dignitaires de l'État jusqu'aux mineurs du Hartz, est indignée de la conduite de Genève, qui non contente d'avoir encaissé des millions enlevés au duché même, refuse au dernier rejeton du sang de ses princes sa part légale de ce trésor accumulé de siècle en siècle. L'indignation est d'autant plus vive qu'on connaît là-bas une bonne partie de ce qui a précédé et suivi la mort du duc Charles.

Soit par les révélations des plénipotentiaires brunswickois envoyés pour négocier la transaction entre le duc Guillaume et la ville, soit par les rapports directement

adressés au prince lui-même, beaucoup de mystères ont été
à demi dévoilés aux anciens sujets du feu duc.

On sait à Brunswick qu'il avait fait, la veille de sa mort,
un autre testament qui s'est envolé en fumée.

On y sait que le duc Guillaume a fait publiquement fermer la porte de son palais à l'inspirateur et exécuteur du
précédent testament (l'ex-grand trésorier de son frère),
quand il est venu pour essayer de se justifier.

On y sait enfin que son ami et collaborateur (je tais son
nom, par égard pour un haut fonctionnaire de France), alors
président de Genève, chargé de liquider la succession et
disparu le lendemain, a fait brûler tous les papiers du duc
Charles et notamment les lettres des princes de sa famille,
de sa fille, etc., ce qui a motivé, de leur part, les plus violentes protestations.

La conduite du président Turrettini en face de la haute
cour et sa réponse aux nobles paroles de son président ont
mis le comble à l'exaspération.

Dès le début des revendications, la magistrature brunswickoise a exprimé, dans la mesure que la loi lui permettait, le sentiment général du pays, en annulant, d'une
façon absolue, le testament lui-même, et en insérant dans
son jugement ces deux phrases passablement dures : *Ce
que la défenderesse subsidiaire (ville de Genève) avance à
ce sujet n'est d'aucune valeur. De plus, ce qu'elle avance
n'est pas exact.*

Quoique ces revendications soient faites par une famille
étrangère, puisque les petits-fils du duc Charles sont Français, il n'y a pas eu un moment d'hésitation, et, depuis la
mort de leur mère, devenue Française elle-même par son
mariage avec un gentilhomme lorrain, Eugène de Bar,
comte de Civry, les sympathies n'en sont pas moins vives.

En voyant l'attitude de la population sur ce terrain, en
quelque sorte international, il semblerait qu'il n'y a jamais

eu de guerre franco-allemande. M° Waldeck-Rousseau, qui, en dehors du juriste, est un ancien ministre de la France, a pu le constater lui-même, quand il est venu à Brunswick pour y discuter les intérêts de cette famille française.

Il a vu de quelle bienveillance et de quel respect il a été entouré, non seulement par les avocats, ses confrères, mais aussi par les magistrats et par les hommes d'État.

Il en a toujours été ainsi pour le comte de Civry qui, cependant, n'a de lien avec la Maison régnante que par son mariage; il en est de même pour son fils aîné qui a combattu contre l'Allemagne, les armes à la main.

On sait très bien à Brunswick que, en 1870, il est monté à cheval, à dix-sept ans, pour défendre le drapeau et le pays de son père, lorsque les troupes prussiennes eurent franchi la frontière française, ce qui n'a pas empêché les officiers et même les ministres de son grand-oncle de lui tendre la main chaque fois qu'il est allé dans la capitale de son grand-père, pour y revendiquer ses droits. Cette bienveillance s'étend du reste en dehors du duché. Parmi les chefs et les princes des États d'Allemagne qui lui ont écrit pour lui témoigner leurs vives sympathies à propos de ses revendications d'héritage, il en est même qui ont été jusqu'à lui rappeler, non comme un reproche mais comme un titre d'honneur, la vaillance déployée par lui dans cette douloureuse campagne.

A ce propos, je ne puis résister au désir de citer la fin d'une lettre qui figure dans un mémoire imprimé mais réservé aux membres de la famille et de la haute cour. Pour qu'on ne m'accuse pas d'indiscrétion à l'égard d'un document semi-confidentiel, je supprime la signature. Je me borne à dire que la lettre est d'un prince très proche parent des deux derniers ducs de Brunswick, et plus proche encore des deux czars Alexandre II et Alexandre III. Il

avait déjà écrit plusieurs fois au vicomte de Civry, et
dans l'une de ses lettres je relève ces lignes bien caracté-
ristiques : *Croyez bien que, de mon côté, je prends la part
la plus vive aux grands intérêts dont Vous êtes occupé en ce
moment-ci, et que je serai heureux d'apprendre que les tribunaux de Brunswick auront rendu entière justice à madame Votre mère, ainsi qu'à Vous-même. Je fais donc les
meilleurs souhaits pour que Votre revendication soit promp-
tement menée à bonne fin.*

Cette fois, le vicomte lui avait manifesté le désir de
prendre part à l'expédition des Balkans. Dans cette lettre,
le prince le remercie chaleureusement, au nom de l'empereur, de cette offre chevaleresque. Mais il lui explique
qu'un obstacle insurmontable s'oppose malheureusement à
sa réalisation, parce que le gouvernement français interdit à tous les Français de prendre part à cette guerre.

Cette longue lettre se termine ainsi : *Les témoignages
flatteurs de Vos chefs dans la campagne de 1870-71 ne m'a-
vaient point échappé à la lecture de la* Vie *du duc Charles.
Je les ai envoyés avec Votre lettre à l'empereur Alexandre
qui y a vu avec plaisir les sentiments sympathiques que Vous
m'exprimez pour Lui et Sa juste cause.*

*Je Vous exprime mes regrets bien sincères de ne pouvoir
Vous fournir ainsi une nouvelle occasion de Vous distin-
guer encore devant l'ennemi.*

Et l'ennemi… c'étaient les troupes qui portaient en 1870
le drapeau du prince et des souverains de sa proche parenté !

Ce mot d'une si délicate courtoisie rappelle celui du célèbre duc de Brunswick au maréchal de Castries[1], contre
lequel il avait combattu jadis et auquel il donnait, pendant
la Terreur, l'hospitalité dans ses États. Un jour qu'il dînait

---

1. Grand-père de la maréchale Mac-Mahon, duchesse de Magenta.

au palais ducal, on l'avait placé vis-à-vis du duc : *Monsieur le Maréchal*, lui dit vivement celui-ci, *veuillez, je vous prie, prendre place à ma droite. Je me souviens du champ de bataille. J'aime mieux vous avoir à côté de moi qu'en face de moi.*

Pour couronner tant de témoignages de sympathie venus d'Allemagne et surtout de Brunswick, il suffit de rappeler que, la veille du jour où la haute cour devait prononcer son arrêt, le journal officiel publiait *spontanément, in extenso* et *en première page*, traduite en allemand, la protestation dans laquelle le vicomte de Civry cravachait de sa plume le président de Genève qui avait cru justifier sa fugue devant la Justice brunswickoise en traitant cavalièrement, dans son conseil, les petits-fils du duc et leur revendication.

Ce souvenir m'amène au dernier et principal motif qui m'a fait prendre la plume.

Quand j'ai vu cette fille de rois dépouillée, par d'infâmes complots d'antichambre, de sa part d'héritage dans les millions paternels et obligée d'entreprendre une lutte gigantesque pour disputer cette part à une ville qui n'y avait pas plus de droits qu'à un aérolithe tombé un jour d'orage, tous les sentiments de famille et de justice que l'homme porte en son cœur se sont révoltés en moi.

Quand j'ai vu que cette fille, cette mère, était morte à la peine, sans avoir pu obtenir pour ses enfants la première obole de cette dette sacrée, et que, sur sa tombe, ses enfants étaient contraints de continuer encore la lutte pendant dix années, sans qu'une étincelle de justice ou d'honneur ait apparu au-dessus de ce coffre de fer où des hommes au cœur de granit gardent le trésor d'une famille royale, je me suis dit qu'il devait y avoir là quelque sombre mystère... et c'est ce mystère que j'ai voulu approfondir.

Moi qui avais passé des jours si charmants au milieu de cette Suisse enchanteresse, sur les bords de ce beau lac de Genève où il semble que tous ceux qui ont le bonheur de vivre dans cet Éden devraient avoir la poésie et le cœur de saint François de Sales; moi qui avais tant admiré, dans leurs glorieuses annales, ces vaillants fils de l'Helvétie, qui les avais trouvés si nobles et si fiers dans leurs ancêtres; moi qui, hier encore, les avais retrouvés si bons, si simples, si doux, si loyaux, je ne pouvais comprendre qu'ils se fussent tout à coup transformés en féroces gardiens des placers d'or du Sacramento.

Comment croire que, après avoir si libéralement distribué des centaines de mille francs aux chambellans et aux serviteurs du feu duc, sans y être forcés ni même invités par aucun codicille; après avoir, d'une main si prodigue, augmenté si largement le million octroyé à l'exécuteur testamentaire, ces honnètes Genevois aient pu fermer si impitoyablement le coffre-fort de leur bienfaiteur à sa fille unique et à ses petits-fils? Comment expliquer cette lutte acharnée soutenue pendant des années, par les armes, tantôt les plus grotesques, tantôt les plus odieuses, avec une ténacité, une dureté, une cruauté et un cynisme qui ont révolté les magistrats les plus froids et les étrangers les plus indifférents?

N'avaient-ils donc ouvert si précipitamment la main que pour payer des complicités ou acheter des silences?

Ma tête se troublait et je me croyais parfois sur ces sommets alpestres où le vertige vous saisit.

Après avoir beaucoup fouillé dans les papiers jaunis et beaucoup causé avec les vieux diplomates, j'ai trouvé enfin l'explication du mystère.

D'abord, les braves Genevois sont fort innocents du complot d'où est sorti le testament du 6 mars 1871, en vertu duquel ils sont devenus légataires d'une fortune que le prince détrôné évaluait à 300 millions, suivant inventaire officiel et imprimé.

En 1843, un Anglais, secrétaire d'un membre influent de la Chambre des communes, fut, pour des raisons politiques et financières, introduit chez le duc Charles dont il capta bientôt la confiance et dont il géra la fortune pendant trente ans, sous le titre de grand trésorier.

C'est lui qui, de la part du prince, alla au château de Ham, pour remettre au prisonnier Louis-Napoléon la clé d'or qui devait lui en ouvrir les portes et le conduire au trône. C'est lui qui, après avoir dicté au duc plusieurs testaments dont il était toujours nommé l'exécuteur, lui fit faire le testament célèbre qui instituait Napoléon III d'abord, puis le prince impérial, légataire universel. L'Assemblée nationale de Bordeaux ayant prononcé le 5 mars 1871 la déchéance de la famille des Bonaparte, il fit signer, dès le lendemain, le testament, plus célèbre encore, qui mettait la ville de Genève à la place de l'empereur.

La ville elle-même ignorait ce don féerique, qui ressemblait à un conte des *Mille et une Nuits*. Le tout avait été préparé, dans le plus grand mystère, entre l'Anglais et trois personnes de Genève qu'il n'est pas encore nécessaire de nommer aujourd'hui.

Deux ans plus tard, le duc Charles eut des motifs graves de se défier de ce grand trésorier, M. Smith, et il résolut de secouer le joug qu'il avait trop longtemps supporté de la part du traître à gages. Sur l'invitation du Prince, l'impératrice Marie de Russie, qui était sa cousine germaine et qui se trouvait en villégiature à Lausanne, vint passer avec lui une journée à Genève. Il conféra avec elle sur sa résolution bien arrêtée de faire un nouveau testament et sur son désir d'en instituer exécuteur le czar lui-même. Peu de jours après, le projet était devenu une réalité, et le testament de 1871, que d'ailleurs le duc n'avait jamais pris

au sérieux, était annulé par le nouveau, *dont il donna lecture à son entourage, la veille de sa mort.*

Le lendemain, la feuille de papier s'était envolée avec
le duc, et l'on ne retrouva que l'autre feuille de papier,
déjà un peu jaunie, qui instituait Genève comme légataire
et le grand trésorier comme exécuteur.

Tout naturellement, ce dernier devint le roi de Genève,
et il liquida la succession, de concert avec le président-
maire qui avait été l'un des trois collaborateurs du testament.

Une fois la liquidation terminée, celui-ci quitta Genève
et la Suisse, pour aller s'enfermer dans un splendide château des montagnes de la Calabre. Mais il laissait derrière
lui, comme successeur et *alter ego*, son beau-frère, dont le
nom, qui ne ressemblait à aucun nom de la vieille Helvétie, avait une apparence sicilienne et crispinienne.

C'est sous cette présidence Turrettini que commença la
lutte qui, grâce à d'incessantes manœuvres souterraines,
devait se prolonger jusqu'au jour où j'écris.

Mais si la direction nominale partait du Conseil de Genève, la direction effective venait de l'Anglais qui se tenait
dans la coulisse. Comme il avait tout mené jusqu'à la mort
du duc et qu'il connaissait à fond tous les secrets, ceux qui
avaient été ses collaborateurs et qui restaient ses co-inté-
ressés, étaient bien forcés de recevoir de lui le mot d'ordre
pour la défense de leur œuvre commune. Comme il y avait,
dans cette œuvre, de graves responsabilités qui avaient
besoin de s'entourer de mystère, et que le grand trésorier
avait, plus que nul autre, un intérêt capital à ce qu'aucune
enquête sérieuse ne se fasse sur la succession, il ne cessa
d'avoir la haute main sur tout ce qui la concernait et il ne
recula devant aucun moyen pour repousser les revendications des héritiers du sang. D'une part, il poussa de toutes
ses forces à la transaction avec le duc régnant ; et, de l'au-

tre, il n'épargna ni peines, ni voyages, ni intrigues, ni argent (il le pouvait, puisqu'il a laissé 20 millions) pour éloigner et, s'il l'avait pu, faire disparaître les enfants de son ancien maître.

Aujourd'hui qu'il est allé rendre ses comptes devant un autre tribunal, — un peu tard, il est vrai, — il semblait que le jour de la justice devait arriver plus vite et plus facilement devant les tribunaux auxquels incombait le devoir de faire la lumière sur cette ténébreuse succession. Mais, malheureusement, si l'exécuteur testamentaire a disparu, la présidence du Conseil est encore entre les mains de la même famille qui la tenait le lendemain de la mort du duc. C'est le même esprit, le même intérêt, le même sang et le même nom qui mènent la campagne et montent la garde autour du coffre-fort.

Et voilà pourquoi les honnêtes Genevois, qui sont aussi étrangers que moi à tous les méfaits du passé et qui ne savent pas, comme moi, la réalité des choses, apparaissent aux yeux des nations voisines comme de féroces accapareurs de successions, quand ils se croient naïvement les légitimes possesseurs d'un trésor que le ciel leur a envoyé.

Leur président leur crie et leur fait crier sur tous les tons et sur tous les toits : — « C'est pour vous, mes amis, et par reconnaissance pour votre généreuse hospitalité, qu'un Prince de sang royal, un ancien Souverain, vous a donné librement tous les trésors dont il avait tout droit de disposer. Il avait un frère, et nous lui avons noblement abandonné tous les palais, châteaux, forêts, mines et domaines qui se trouvaient dans ses États. Il est vrai que nous ne pouvions guère les lui refuser, car il nous avait fait dire que, si nous voulions les prendre, il fallait venir avec du canon.

« Il y a des gens qui vous ont dit que le Prince avait une

fille et que cette fille avait des enfants, et que la loi ne permettait pas qu'on les laissât mourir de faim en face des millions de leur père. On a même été jusqu'à écrire dans les journaux que cette loi leur donnait droit à une part considérable de son héritage et qu'ils pourraient venir un jour, même sans canons, vous forcer à la leur rendre avec de gros intérêts[1]!

« Il y en a d'autres qui ont osé prétendre que le Prince était fou et interdit, qu'il n'avait pas le droit de disposer de sa fortune patrimoniale et que les tribunaux avaient, par jugement, annulé son testament.

— « Mais ce sont tous ces gens-là qui sont fous. La preuve c'est que, quand ces héritiers m'ont fait citer devant les cours et tribunaux de France et d'Allemagne, je ne me suis pas même dérangé et que je me moque de tout ce que ces cours et tribunaux ont pu dire ou faire. » —

Et moi, en face de ces honteuses comédies, j'ai voulu faire connaître la vérité à ce peuple honnête et loyal qu'on trompe indignement.

Avant l'inauguration de la statue du duc Charles, l'aîné de ses petits-fils avait adressé aux Genevois une lettre[2] que je viens de lire et dont je suis encore tout ému, car elle a cette mâle éloquence qui fait courir un frisson dans les veines. Il est vrai que les Genevois n'ont pas lu cette lettre, car on a fait lacérer et arracher tous les exemplaires qui avaient été affichés sur les murs de la ville, on a saisi tous ceux qu'on a pu saisir et on a acheté, pour les brûler, tous ceux qu'on n'a pu avoir autrement.

Quant à la présente brochure, que j'écris avec le sentiment de l'indignation la plus désintéressée mais la plus

---

1. « Le possesseur de mauvaise foi doit compte de tous les fruits de la succession et de ceux même qu'il eût pu percevoir et qu'il n'a pas perçus. » (DALLOZ, *Succession*, chap. v, sect. 3, n° 412.)

2. Voir aux notes un extrait de cette lettre.

sincère et la mieux justifiée, on aura beau en saisir, en déchirer, en brûler et même en acheter des milliers d'exemplaires pour l'anéantir et la faire disparaître, elle passera à travers tous les obstacles pour arriver sous les yeux des Genevois et leur apporter la lumière. Ni moi, ni ceux qui sont derrière moi et qui sont plus puissants que moi, nous ne nous laisserons arrêter, par aucune menace ni par aucun guet-apens, dans la campagne qui commence aujourd'hui et qui ne finira que lorsque justice sera faite ou rendue.

Je termine cet appel à la conscience publique, en m'adressant directement à vous, Genevois, et mon dernier mot ne sera pas long.

Empruntant à la lettre qu'on vous a volée l'une des plus émouvantes pensées qu'elle vous exprimait et le dramatique souvenir qu'elle vous rappelait, la veille de l'érection de la statue du duc Charles, je me transporte en esprit à la veille d'une solennité bien autrement mémorable et je viens vous dire :

Bientôt la Suisse va voir ressusciter, dans des jours de fêtes nationales, les plus grands souvenirs de son histoire. Du sein de tous ses cantons, du fond de toutes ses vallées, des bords de tous ses lacs et du sommet de toutes ses montagnes, s'élèvera une immense clameur de triomphe et de joie. La vieille Helvétie se lèvera tout entière pour célébrer le glorieux anniversaire de sa délivrance féodale et de sa naissance comme nation. Tous les peuples seront convoqués pour venir fraterniser avec cette noble sœur qui est si fière de montrer, autour de son berceau, des milliers de héros courant aux armes pour venger un enfant menacé.

Que diraient toutes ces nations, représentées par l'élite de leurs fils, si, après avoir salué et acclamé tous ces nobles cantons qui sont les colonnes et l'honneur de votre patrie, lorsqu'elles se tourneront vers votre splendide cité... elles apercevaient tout à coup, au pied de la statue du duc

Charles, ses petits-fils dépouillés par vous et écrivant sur le marbre, avec la pointe d'une épée, les fulgurantes paroles du président de la haute cour de Brunswick?

Elles se détourneraient avec mépris en disant: «Nous venons de serrer la main des fils de Guillaume Tell. Mais les Genevois sont les fils de Gessler, car ils se servent de la main des pères pour assassiner les enfants[1]. »

Nota. — Je sais très bien que, par décision officielle, la poétique et héroïque figure de Guillaume Tell vient d'être chassée de l'histoire et reléguée dans le musée des légendes. Mais elle n'en a pas moins existé pendant plus de cinq siècles et elle a glorieusement contribué à la grandeur du peuple suisse, non seulement sur les champs de bataille, mais dans le cœur de ses enfants. En les aidant à remporter des victoires, elle a aussi entretenu chez eux les vertus de leurs ancêtres.

Homère n'a pas échappé non plus aux coups de la critique moderne, et des écrivains se sont fait honneur d'avoir découvert que *peut-être* il n'avait jamais existé. Qu'importe! ses poèmes immortels vivent encore, après trois mille ans de gloire, et ils font terriblement pâlir tous les poètes qui se promènent aujourd'hui sur nos boulevards et qui siègent dans nos académies.

Si Guillaume Tell n'a jamais existé, sa légende a servi, du moins, à rendre plus auguste aux yeux de tout un peuple le lien sacré qui unit le père à l'enfant. Elle a proclamé et répété, de génération en génération, que l'homme assez cruel pour condamner la main d'un père à devenir involontairement l'instrument de la mort de son enfant commet l'un des plus monstrueux de tous les crimes, et que, pour venger ce crime, ce n'est pas trop du soulèvement d'une nation entière.

Voilà ce que signifie la légende ou l'histoire de Guillaume Tell; voilà ce que la Suisse y a vu et vénéré depuis six cents ans.

Histoire ou légende, peu m'importe! mais ce qui est certain pour moi, c'est que, si j'avais à choisir, j'aimerais mieux porter, dans les annales d'un peuple et dans le souvenir des gens de cœur, le nom de Guillaume Tell que celui de Turrettini.

---

1. Le père qui enlève ou refuse à ses enfants le soutien de la vie est considéré comme leur meurtrier. (Axiome du droit romain.)

NOTES ET PIÈCES JUSTIFICATIVES

Fin d'une lettre publique adressée aux Genevois par le vicomte Ulric-Guelfe de Civry, avant l'érection du monument du duc Charles II.

Habitants de Genève,

. . . .

Un jour, il se trouva un homme assez infâme pour oser armer le bras d'un père contre la tête de son enfant. Le cri de la nature révoltée fit tressaillir en un instant vos lacs et vos montagnes. Vos pères, saisis d'une sainte fureur, se levèrent en armes pour protester par leur propre sang contre le cœur dénaturé qui avait pu concevoir la pensée de faire d'un père l'assassin de son fils.

De cette protestation sublime naquit une nation libre et souveraine : cette nation s'appelle la Suisse.

Elle est née d'un cri du cœur, comme la France est née d'un acte de foi, et elle siège dans l'assemblée des peuples comme la protectrice du lien sacré qui unit le père à l'enfant. Le culte de la famille et le respect des droits du sang sont inscrits en lettres de diamant sur la couronne de son berceau.

Vous qui êtes les fils de ces héroïques vengeurs d'un enfant menacé, je m'adresse à vous et je viens vous dire : Supposez que, hier, un nouveau Gessler, tantôt agent taré de ceux qui le payaient, tantôt exécuteur de ses propres œuvres, ait réussi à armer la main égarée d'un père pour enlever de la tête de ses enfants la pomme d'or à laquelle est suspendue leur vie ; supposez que, au moment suprême, la main du père ait faibli ou se soit révoltée, et que l'arme soit tombée... est-ce que vous permettriez qu'un fils de l'Helvétie ramassât l'arme et s'en servît, au risque de tuer les enfants, pour enlever la pomme, cette pomme renfermât-elle des millions et ces millions fussent-ils pour vous?

Lorsque bientôt la statue du duc Charles, entourée de celles de son père et de son aïeul, s'élèvera sur les bords de votre lac, l'histoire parlera haut par la bouche de bronze de ces trois souverains.

Toutes les nations du globe passeront à leurs pieds et les interrogeront du regard. Que diront-ils à tous ceux qui leur demanderont pourquoi ils sont là?...

Leur réponse dépend de vous.

Si votre ville a fait noblement son devoir, elle pourra s'enorgueillir de la royale libéralité dont elle s'est vue tout à coup l'objet, et ce monument sera pour elle un éclatant titre d'honneur.

Mais si les perfides inspirations d'un Gessler avaient triomphé parmi les descendants de Guillaume Tell; si, pour un peu d'or, les Conseils de votre ville avaient résolu de sacrifier la vie et l'avenir des enfants de votre bienfaiteur, ce splendide mausolée deviendrait, sachez-le bien, un impérissable témoignage d'iniquité.

En dehors même de la Justice légale que les plus forts ne bravent pas toujours impunément, les auteurs de

l'usurpation ne sauraient échapper aux implacables revendications de la conscience publique. Jamais vos édiles,
fussent-ils personnellement étrangers à l'œuvre de spoliation, ne pourraient regarder ces trois princes sans voir
apparaître derrière eux l'image de leurs descendants dépouillés. Jamais un voyageur ne pourrait s'approcher sans
qu'ils craignent d'entendre quelque sanglant reproche
s'échapper de ses lèvres ou de voir sa main inscrire sur le
piédestal quelque foudroyante malédiction.

Le jour même de l'inauguration, une voix leur dirait
peut-être qu'un des petits-fils de ceux qu'ils couvrent de
fleurs est mort, au seuil de sa carrière, en maudissant le
nom de Genève. Le lendemain, peut-être, une autre voix
leur apprendrait qu'une autre de leurs victimes parcourt
tous les chemins de l'Europe pour amasser contre eux des
armes et des haines.

Le bruit des fanfares qu'ils feraient retentir autour des
statues accusatrices n'empêcherait pas le concert des
plaintes vengeresses d'arriver jusqu'à eux de tous les
bouts de l'horizon.

Le monument des trois hommes du Grütli illumine
toute la Suisse d'une auréole de gloire et d'honneur.

Celui des trois ducs de Brunswick assombrirait les belles
eaux de votre lac comme le souvenir sinistre d'une mauvaise action.

Ce ne seraient pas trois hôtes librement unis à vous par
une noble alliance ; ce seraient trois captifs enchaînés
malgré eux à votre rivage et représentant le triomphe
d'un traître.

Votre bienfaiteur lui-même, repoussant les honneurs
dont vous auriez entouré son nom et sa dépouille, s'unirait
du fond de sa tombe à ce concert d'anathèmes.

« Ce testament, — dirait-il, — ce testament qui vous
rend si forts et si fiers, il m'avait été dicté dans un jour de

colère par l'un de ceux qui, tant de fois, ont abusé du trouble d'un cerveau meurtri par les coups de la persécution. Mais ma bouche et ma main l'avaient publiquement désavoué la veille du jour où j'ai été frappé. Ce n'est que par surprise qu'un traître, prenant la mort pour complice, a fait revivre ce que j'avais détruit et a détruit l'œuvre de ma volonté suprême.

« Vous tous qui êtes innocents du crime, honnêtes habitants de Genève, gardez les millions qu'un jour je vous avais donnés. Mais si vous avez le respect de vous-mêmes et le respect de ma tombe, si vous voulez que le ciel bénisse votre trésor et vos enfants, hâtez-vous de faire rendre à ceux dont je suis le père tout ce que Dieu et la loi me défendaient de leur enlever.

« J'ai maudit pendant quarante ans l'acte solennel par lequel tous les princes de ma famille m'ont déclaré incapable de disposer de ma fortune.

« Mais aujourd'hui je le bénirai, s'il peut aider à me délivrer du poids terrible que font peser sur mon cercueil quatre lignes tombées d'une plume égarée.

« Oui, je bénirai cent fois ce royal diplôme de démence, s'il peut défendre contre le malheur et la spoliation cette orpheline-martyre qui est la fille de cent rois et la mère de six héritiers du sang Guelfe.

« Ce que je maudis cent fois, ce que je maudirais éternellement, ce sont ceux qui se seraient faits les complices du traître et qui m'exposeraient à devenir l'involontaire meurtrier de mes enfants. »

Voilà ce que l'ombre de mon grand-père vous dirait dans le silence des nuits! Voilà ce que sa statue répéterait devant tous à la face du soleil!...

Mais, grâce à Dieu, vous ne le permettrez pas, car vous êtes les fils de Guillaume Tell, et tout le sang de la vieille Helvétie se révolterait dans vos veines à la seule pensée

qu'un monument élevé par vos mains pourrait s'appeler
dans l'histoire : l'APOTHÉOSE DE GESSLER !

ULRIC-GUELFE,
VICOMTE DE CIVRY.

---

*Extrait d'un jugement du tribunal ducal de Brunswick,
sanctionné par l'acceptation*, sans appel, *du duc régnant
et devenu définitif avec force souveraine de chose jugée.*

« Attendu, dit-il, que la Demanderesse a fourni des
preuves suffisantes :

« 1° De sa filiation, laquelle, d'ailleurs, n'a jamais été
contestée par le duc.

« 2° De l'existence, en 1826, desdites Lettres Patentes
et de leur dépôt dans les Archives de la chançellerie
ducale ;

« Et que, ainsi, elle a fourni une raison juridique, dans
toute la force du terme, pour appuyer son instance en délivrance dudit document ;

« La mise en demeure que fait la Demanderesse qu'on
ait à lui livrer le document en question, ou que le Défendeur prête serment qu'il n'est pas en sa possession, doit
être considérée comme bien fondée et légalement justifiée ;
et, puisque le Défendeur a déclaré n'avoir pas cet acte en sa
possession, il doit être considéré comme obligé de prêter
le serment.

« En conséquence, le Tribunal décide :

« Que le Défendeur, S. A. S. le duc Guillaume de Brunswick et Lunebourg, etc., sera obligé de prêter le serment
suivant :

« Nous, par la grâce de Dieu, duc Souverain de Bruns-
« wick, etc.

« Jurons ne pas avoir en Notre possession les Lettres
« Patentes réclamées. Nous jurons aussi ne pas savoir où
« elles se trouvent et ne les avoir ni soustraites ni détour-
« nées dans un but malicieux.

« Que Dieu Nous assiste ! »

« Et ce serment sera prêté suivant le mode indiqué dans
les motifs de la présente décision.

« Ainsi jugé et promulgué, en l'audience publique du Tribunal ducal de Brunswick, le 16 octobre 1878. »

____

Note consultative du Conseiller aulique Léopold Neumann.

(Extrait.)

La justice de la demande de la comtesse de Civry est
indiscutable. Il importe, avant tout, de constater le grand
fait que Mme de Civry est, en effet, la fille du duc Charles.

Personne au monde n'en doute, d'après les actes qui se
sont succédé depuis sa naissance jusqu'à son mariage.

La notoriété existe dans l'espèce, aussi sûrement que
deux fois deux font quatre.

En présence des preuves éclatantes qui existent de sa
filiation et de sa reconnaissance publique, on n'a nullement besoin de recourir à une recherche formelle de la
paternité, car on ne cherche pas ce qu'on a entre les
mains, on ne cherche pas ce qui saute aux yeux.

En dernier lieu, il reste le recours au Souverain lui-
même, lui demandant simplement la confirmation formelle
d'un fait qu'il connaît comme celui de sa propre existence.

Une déclaration officielle émanant d'un Souverain, chef
de la famille, équivaudrait devant toutes les autorités du
monde à la déclaration, soit explicite, soit implicite, d'un
tribunal dont l'autorité même découle du pouvoir judiciaire du monarque.

Le duc régnant ne pourra pas, je crois, refuser la constatation d'un fait indubitable. Étant démontré que la fille de son frère a, par sa naissance, le droit le mieux fondé, le plus légitime, à la portion réservée de l'héritage qui se trouve en France et à Genève, ce serait, à mes yeux, une dette d'honneur de ne pas la priver de ce qui lui appartient. Héritier d'un des noms les plus illustres de l'histoire, uni à la comtesse de Civry par les liens doublement sacrés du sang et du baptême, il ne voudra assurément pas lui refuser ou lui enlever le seul moyen de réaliser son droit de fille et de mère.

Comment pourrait-il hésiter à donner une simple déclaration, qui, sans lui porter l'ombre d'un préjudice, acquitterait, devant l'Europe, la dette trois fois sainte de la vérité, de la justice et de l'honneur?

Dr LÉOPOLD NEUMANN,

Conseiller aulique,
Professeur de Droit à l'Université de Vienne,
Membre de la Chambre des Seigneurs, etc.

Cette consultation, si remarquable et si remarquée, a précédé le second jugement du tribunal ducal de Brunswick et la déclaration si décisive du duc régnant, qui réalisaient le vœu du célèbre juriste.

––––––

Message apporté, en décembre 1851, par Son Excellence le général baron de Girsewald, grand écuyer du Duc Régnant Guillaume, à la comtesse de Civry qui était allée à Brunswick pour une négociation, dans l'intérêt de ses enfants, au sujet des biens séquestrés de son père.

(Ce message ducal, qui fut imprimé et remis au duc

Charles, par la voie diplomatique, a été produit devant la cour de Brunswick.)

« Le Duc, Madame, persiste à croire que Votre voyage a un but politique, que Votre prétendue rupture avec Votre père n'est qu'une tactique concertée à l'avance, et que, sous prétexte d'en appeler à Son cœur, Vous en voulez à Son trône. Si vraiment Votre situation financière était telle que Vous semblez le faire entrevoir, mon auguste Maître, qui est loin d'avoir oublié qu'Il est Votre parrain et qui connaît les devoirs que ce titre et le sang Lui imposent, s'empresserait de Vous mettre en état de soutenir dignement Votre rang. Mais encore faudrait-il que Votre père fût mort ou qu'Il fût sans fortune. Or, grâce à Dieu, Il est plein de vie, et il y a des rois sur le trône qui sont moins riches que Lui.

« Rien au monde ne saurait donc Le dispenser de remplir vis-à-vis de Vous les premiers, les plus sacrés des devoirs, et personne ne doit se substituer à Lui dans leur accomplissement. Mais si jamais, — ce que, pour Son honneur et celui de Sa famille, Son frère Se refuse à croire, — il était possible qu'Il les oubliât au point de Vous laisser dans la gêne, Vous et Vos enfants, Son Altesse me charge de Vous rappeler que Vous auriez à faire valoir, et comme fille et comme mère, les droits de la nature et de la conscience.

« Retournez donc vers Votre père, Madame, et s'Il Vous a envoyée ici comme confidente et auxiliaire de Ses projets de restauration violente, persuadez-Lui qu'il est plus digne d'un Prince de Se soumettre aux décrets de la Providence que de fomenter inutilement la guerre civile dans les États de Ses ancêtres.

« Si, au contraire, Il s'est mis en guerre avec Vous-même, faites-Lui comprendre que s'aliéner le cœur de Sa fille ce n'est point le moyen de reconquérir celui de Ses anciens sujets; et dites-Lui bien que, le jour où Il Vous mettrait dans la triste nécessité de prendre publiquement les armes contre Lui, Ses ennemis seraient pour toujours dispensés de justifier la Révolution qui L'a renversé et toutes les rigueurs qui L'ont frappé : Il les aurait à jamais justifiées Lui-même.

« Tels sont, Madame, les conseils que mon auguste Maître et Souverain m'a donné l'ordre de Vous transmettre. C'est le meilleur et le seul service que Son Altesse puisse Vous rendre ! ».

Extraits imprimés des Documents généalogiques de la Maison des Guelfes-Brunswick, relevés et classés sous le titre de « le Sang des Princes ou les Princes du sang », par le comte JULES D'OEYNHAUSEN, *chambellan de l'Empereur d'Allemagne, membre du Tribunal héraldique de l'Empire, Président, avec le prince Georges de Prusse, de l'Institut héraldique et généalogique de Berlin.*

Ces extraits ne contiennent que les notices consacrées aux princes et princesses de la maison de Brunswick qui ont contracté des mariages morganatiques ou des unions irrégulières, et aux enfants issus de ces unions par une filiation historiquement constatée.

Or, cette liste princière et royale se termine par les six noms suivants, réunis sur la même page :

« 1° Guillaume-Henri, *duc de Glocester*, épouse *Marie*, fille d'*Édouard Walpole*, dont deux filles et un fils titré *duc de Glocester* et marié à *Marie* fille de *Georges III*, roi d'Angleterre ;

« 2° Henri-Frédéric, *duc de Cumberland*, épouse *Anna Luttrel*, fille du comte Simon de Corhampton, sans postérité de ce mariage ;

« 3° Georges-Frédéric-Auguste, *prince de Galles*, plus tard *roi Georges IV*, épouse secrètement *Anne Smythe*, fille de Walter Smythe, esq. ;

« 4° Guillaume, *duc de Clarence*, plus tard *roi Guillaume IV* (*oncle et prédécesseur de la reine Victoria*), épouse *Dora Jordan*, dont les *Fitz-Clarence, comtes de Munster*, en Angleterre ;

« 5° Auguste-Frédéric, *duc de Sussex* (également *oncle de la reine Victoria et du duc de Brunswick, Charles II*), épouse (mariage déclaré nul par le Parlement) Augusta Murray, fille de John Murray, comte de Dunmore, dont est issu, outre une fille, Auguste-Frédéric d'*Este* (qui mourut au moment où il revendiquait, devant le Parlement anglais, le titre de *duc de Sussex*, et la succession de son père, 1849) ;

« 6° Charles II, duc de Brunswick, né en 1804, détrôné en 1830, enleva à Londres, en 1825, une fille de l'amiral Colville et eut d'elle une fille, *Marie-Élisabeth-Wilhelmine d'Este-Brunswick, comtesse de Colmar*, etc., née en 1826, mariée en 1847, avec le *comte de Civry*, de France. »

Nota. — Si quelque chose pouvait ajouter à l'importance de ce document, il suffirait de rappeler que le *comte Jules d'Oeynhausen* est le neveu et le successeur du *baron d'Oeynhausen*, l'un des plus hauts dignitaires de la Cour de Brunswick, à l'époque où est née la *comtesse de Civry*.

1° C'est lui qui fut *chargé de recevoir officiellement, à la frontière, le duc Charles II, lors de son avènement au trône* (1823).

2° C'est lui aussi qui fut également *chargé de recevoir à la frontière lady Colville, lors de son arrivée dans le duché* (1826).

3° C'est lui enfin qui, en sa qualité de *grand écuyer de la couronne, assista le prince Guillaume comme* 2° *parrain au baptême solennel de la fille du duc régnant, son frère.*

Non seulement la filiation de la comtesse de Civry est établie par des documents judiciaires indiscutables, par des jugements et arrêts, par une notoriété publique presque sans exemple, mais elle a, de plus, pour elle la notoriété historique.

On n'a qu'à aller dans les bibliothèques du duché pour s'en assurer. Les livres allemands, anglais, français, etc., qui traitent de l'histoire de la Maison de Brunswick en ce siècle, parlent presque tous d'elle, et tous ceux qui en parlent la qualifient de fille du duc Charles II.

Parmi les grandes publications françaises, il suffit de nommer le *Dictionnaire de la conversation et de la lecture* et les *Biographies* célèbres ayant pour auteurs les Guizot et autres historiens d'autorité reconnue.

Parmi les publications allemandes, il a paru utile de citer l'extrait suivant, parce qu'il donne des détails précis et éclaire plusieurs points importants :

Histoire de l'ancien duc régnant de Brunswick, Charles II, publiée à la suite d'une enquête minutieuse et personnelle, faite dans le duché, en 1881, par M. Braun-Wiesbaden, *député au Reichstag de l'empire d'Allemagne.*

(Extraits textuels traduits de l'allemand.)

« Charles II, duc de Brunswick, né en 1804, détrôné en 1830, enleva à Londres, en 1825, une fille de l'amiral Colville et eut d'elle une fille, *Marie-Élisabeth-Wilhelmine d'Este-Brunswick*, comtesse de Colmar, née en 1826, mariée en 1847 avec le comte de Civry, de France. » (*Documents généalogiques de la Maison des Guelfes*, publiés par le comte Julius d'Oeynhausen.)

C'est de cette fille du duc que nous allons parler.

C'est à Londres qu'il fit la connaissance de la fille de l'amiral Colville, alors âgée de 17 ans. Elle était une beauté anglaise de premier ordre. Elle ne sut pas résister aux paroles d'amour du jeune souverain et se laissa enlever par lui de la maison paternelle. Pendant toute sa vie, elle a affirmé que cette fuite a été précédée d'une bénédiction nuptiale secrète.

Mais il est probable[1] qu'on lui a joué une comédie sacrilège, c'est-à-dire qu'on a fait un acte et une cérémonie sans valeur qu'elle crut être un mariage régulier, d'autant plus qu'elle était pleine de confiance et de candeur.

Quelque temps après cet enlèvement, le duc Charles retournait à Brunswick. Et il faisait installer lady Colville à Wendessen, près Wolfenbüttel, dans un résidence appelée le *Petit Château* et dépendant du domaine de la couronne.

Le 5 juillet 1826, dans ce château, lady Colville donnait le jour à une fille. Cette fille fut baptisée le 17 août, non par le pasteur de la paroisse, mais par le grand aumônier de la Cour, que le duc avait fait venir expressément pour célébrer la cérémonie.

Comme parrains figurèrent :

1° Le duc lui-même ;

2° Le prince Guillaume de Brunswick-Oëls, actuellement duc régnant.

Le duc Charles se montrait vis-à-vis de sa fille le père le plus tendre. Mais cela ne suffisait pas à lady Colville. Elle était en effet une dame fort distinguée et elle commençait

---

1. Ceci est une supposition toute personnelle de l'auteur, comme il le déclare, d'ailleurs, très loyalement. Mais il résulte des documents les plus dignes de foi, des témoignages contemporains les plus irrécusables et des appréciations de juristes éminents, à la suite d'un examen approfondi, que le mariage a été réellement célébré à Londres.

Il y a même lieu d'espérer que la preuve judiciaire pourra en être faite prochainement à l'aide de nouveaux documents et d'actes de notoriété.

à soupçonner quel jeu infâme on avait joué avec elle. Elle
insistait, dans l'intérêt de sa fille et dans celui de son propre
honneur, pour que son mariage avec le duc fût *publié*, ce
mariage à la suite duquel seul elle s'était décidée à quitter
ses parents et à se donner à lui.

Pendant quelque temps, il essaya de faire patienter
l'épouse si grossièrement trompée.

La pauvre femme ne pouvait supporter indéfiniment ce
martyre continuel. Quand elle fut convaincue de la triste
réalité, elle prit la résolution de rompre à jamais avec le
duc. Elle avait cru être *sa femme*, mais elle se révolta à la
pensée de jouer le rôle de femme entretenue ou de *maî-
tresse du Souverain*, et elle préféra retourner subitement
dans sa famille, si pénible que ce retour pût être pour elle.
Un jour elle disparut avec l'enfant.

Mais le duc avait la nostalgie de sa fille. Il promit à la
mère un brillant avenir pour leur enfant, et lady Colville
consentit encore à ce sacrifice. Elle la lui abandonna et il
en eut dès lors la possession exclusive, la faisant élever,
l'emmenant plus tard avec lui à Paris, etc.

Le poète *von Maltitz* (alors célèbre), qui fréquentait beaucoup le duc à Paris, a écrit de lui : « *Sa fille est le seul être
humain pour lequel il ait une affection sincère. Et encore
a-t-il déclaré un jour, devant moi, que c'était une faiblesse
d'avoir des sentiments d'affection, qu'on finissait toujours
par être trompé et trahi.* »

Quand sa fille fut en âge de se marier, elle épousa le
comte français de Civry, *avec le consentement du duc.* Le
mariage fut célébré à Londres, et le baron d'Andlau y
assista, *comme représentant du duc.* Dans l'acte officiel, sa
fille est désignée comme *Marie-Élisabeth Wilhelmine, princesse d'Este de Brunswick*, etc.

Mais la comtesse était tombée pour toujours en disgrâce,
et voici pourquoi : Elle avait été élevée dans la religion

protestante. Le duc lui-même est resté jusqu'à sa mort protestant. Toutefois, avant la Révolution qui le détrôna, et, pour exaspérer le peuple contre lui, on avait fait courir le bruit qu'il était devenu secrètement Catholique. Mais c'était une pure invention, et la vérité est que, au point de vue religieux, il était indifférent.

Or, la comtesse s'était laissé convertir au Catholicisme par le Père Lacordaire, et elle était, comme tous les convertis, très fervente.

Peut-être que ce changement de religion n'aurait pas, par lui-même, affecté beaucoup le duc Charles. Mais cette abjuration contrariait des idées profondément enracinées en lui. S'il aimait sa fille, il aimait encore plus ses millions et ses diamants; et, par-dessus tout, il avait l'idée fixe de remonter sur le trône de Brunswick et de prendre là une revanche sanglante de ses ennemis.

Or, une fille Catholique auprès du duc était, pour ses ennemis, une arme contre lui, arme qui pouvait empêcher son retour sur le trône ou, du moins, le rendre plus difficile, car de la religion de la fille on aurait conclu à celle du père et on n'aurait pas manqué de réchauffer l'ancienne histoire de sa prétendue conversion.

Outre cette crainte, le duc avait un autre soupçon. A cette époque, il y avait une espèce de panique à la mode, *la panique du Jésuite*, telle qu'elle se manifeste dans le roman d'Eugène Sue : *le Juif-Errant*. On voyait partout la main rapace des Jésuites, comme cherchant à saisir les âmes et, plus encore, les richesses.

Quel intérêt les Jésuites peuvent-ils avoir eu à convertir ma fille? se demandait le duc Charles. Et voici la réponse que lui donnait son esprit méfiant : dans l'abjuration de la comtesse, il voyait un plan bien arrêté, de la part des Révérends Pères de la Société de Jésus, pour s'emparer de son héritage, de ses millions et de ses diamants.

Ses diamants dans les mains des Jésuites ; ses millions dans le coffre-fort de la Société de Jésus, était une pensée d'autant plus intolérable pour le duc, que ces millions étaient précisément son instrument principal pour reconquérir son duché.

Dès lors, il se décida à rompre avec sa fille...

BRAUN WIESBADEN,

Député au Reichstag.

———

Après avoir feuilleté les livres, si l'on voulait feuilleter les correspondances historiques qui plaident en faveur de cette cause aujourd'hui soumise au double tribunal de la Justice et de la conscience publique, on ne saurait comment faire un choix parmi les pages signées des noms les plus élevés, les plus respectés, les plus illustres. On l'a déjà dit : « Princes et princesses de sang royal, princes de l'Église et de l'épée, princes de la plume et de l'éloquence, ont tour à tour donné à la fille abandonnée, persécutée et presque martyre, d'innombrables témoignages de respectueuse sympathie, dans des lettres qui rempliraient la salle des archives d'un manoir féodal. »

Il faut donc renoncer à rien extraire de ce trésor réservé des souvenirs de famille. Quatre lignes portant l'une des plus glorieuses signatures du siècle couronneront toutefois ces notes recueillies en courant : elles suffiront pour faire deviner ce que peut contenir ce royal écrin qu'on regrette de ne pouvoir ouvrir.

Non seulement, Mme de Lamartine, dont le noble cœur et la haute intelligence savaient si bien comprendre les grandes âmes et les grandes douleurs, avait toujours témoigné à la comtesse de Civry autant d'ardeur pour sa cause que d'admiration pour sa personne. Mais M. de Lamartine, au milieu du dévorant tourbillon et de l'écrasant travail qui se partageaient ses heures, avait, comme Chateaubriand lui-même dix ans plus tôt, essayé plusieurs fois de lui rouvrir le cœur de son père. Ainsi que celles de tant d'autres, ses généreuses tentatives avaient échoué devant l'infernale stratégie du grand trésorier et de la garde prétorienne qui veillaient, jour et nuit, autour de la succession ducale.

Le grand poète burina ses appréciations et ses regrets dans ces lignes vengeresses :

« Dieu n'avait pas seulement donné au duc Charles de
« Brunswick un trône sur lequel rayonnaient dix siècles
« de gloire. Pour le consoler des amertumes du pouvoir,
« il lui avait envoyé deux anges : cette noble et infortunée
« comtesse Colville, qu'il immola impitoyablement à la
« raison d'État, et cette héroïque comtesse de Civry, qui,
« modèle des filles et modèle des mères, est aujourd'hui
« sacrifiée aux courtisans d'un coffre-fort.

« LAMARTINE. »

DERNIÈRE HEURE

Je reçois à l'instant deux pièces fort curieuses en ce qu'elles dévoilent au grand jour le singulier jeu qui se joue au Conseil de Genève.

L'une est une lettre officielle du président Turrettini, où, parlant des droits des petits-fils du Prince, il s'exprime en ces termes textuels :

La ville de Genève ne leur doit absolument rien. Ils n'ont aucun droit à prétendre dans la succession du Duc Charles de Brunswick, dont la ville de Genève est la légataire universelle. (Quelle nouvelle!!! Personne ne s'en doutait, paraît-il?) *Ils ont, il est vrai, intenté à la ville de Genève, devant le tribunal civil de la Seine, un procès en restitution de cette succession; mais toute autre juridiction que celle des tribunaux genevois est incompétente pour connaître de leur demande, et un jugement rendu à l'étranger, dans cette affaire, n'aurait à Genève aucune force exécutoire.*

Au nom du Conseil administratif,
Le président
Signé : TURRETTINI.

Genève, 19 *septembre* 1890.

Toujours la hautaine outrecuidance du Millionnaire d'un jour à qui les millions tiennent lieu de raison ! Toujours la morgue insolente et bouffonne du Juriste improvisé qui, sans s'inquiéter des frontières, prétend s'arroger, partout comme chez lui, le monopole de la Justice !

Mais le lendemain, *le lendemain même,* quel honteux démenti à la théâtrale assurance de la veille.

L'autre pièce va nous le dire : c'est le numéro de *la Tribune de Genève* du 23 septembre, annonçant que le Ministre de la Confédération Suisse en France est arrivé à Genève le samedi 20, tout exprès pour y discuter, dans une conférence spéciale, avec le Conseil entouré de tous ses plus puissants défenseurs, sur la conduite à tenir, comme si l'ennemi était déjà aux portes de la ville avec une armée formidable.

Que faut-il croire ? Est-ce le président Turrettini qui, le 19 septembre, écrit, de sa plume la plus officielle, qu'il n'y a rien à payer, rien à craindre et rien à faire ? Est-ce le Conseil Administratif qui, le 22 septembre, tient séance extraordinaire où il a convoqué le ban et l'arrière-ban : ambassadeur, conseillers d'État, professeurs de droit, avocats et notaires, pour aviser solennellement à ce qu'il faut faire ?

Il y a même grandement à s'étonner que le Conseil ait cru devoir faire appel au concours et à l'intervention du Ministre de la Confédération Helvétique, dans une affaire purement judiciaire qui ne concerne que la ville, à titre de légataire, et les parents du testateur, à titre de personnes privées.

Il n'y a là nul intérêt politique en jeu, et la diplomatie n'a rien à voir dans ce débat.

Si le président Turrettini pense pouvoir, en désespoir de cause, trouver un appui quelconque sur le terrain diplomatique, il se préparerait de nouvelles déceptions, car il y rencontrerait, non seulement l'hostilité des Maisons Souveraines qui sont intéressées à l'annulation du testament, mais l'indignation de toutes les Chancelleries qui ont conservé quelque respect de la justice.

Nous ne sommes plus au temps où Napoléon III était lié au duc Charles par le traité de Ham, d'une part, et, de l'autre, par le testament qui léguait au Prince Impérial le trésor des Guelfes.

Nous ne sommes plus au temps où, nouveau roi Lear, aveuglé par la démence, non content d'avoir tenté d'opposer aux trop légitimes revendications de sa fille l'incompétence des tribunaux français et exaspéré d'avoir vu sa folle prétention repoussée par le Tribunal de la Seine, par la Cour de Paris et par la Cour de cassation, le malheureux duc s'acharnait à de ridicules tentatives pour dénaturer sa fortune et se soustraire à l'exécution des sentences de la Justice.

Je ne suppose pas que M. Turrettini veuille imiter ce pauvre fou couronné qui, après avoir cherché à hypothéquer frauduleusement ses propriétés de France pour qu'on ne puisse pas les saisir, s'ingéniait à en acheter dans n'importe quel pays où la loi permettrait aux pères de dépouiller leurs enfants. Je lui signale toutefois ce billet autographe que l'auguste signataire du testament, dont il est aujourd'hui le frénétique défenseur, adressait à son chambellan, le comte Wieloglowski, à l'heure où il se sauvait avec toute sa maison au fond de la Hollande, afin d'y mettre ses millions à l'abri : « **Avant d'acheter la propriété en Italie, il faudrait que je fusse assuré qu'on ne puisse faire exécuter, dans ce pays, le jugement de Civry** [1]. »

Laissant maintenant votre Président à ses douloureuses méditations et à ses solennelles conférences, je reviens à vous, honnêtes citoyens de Genève, et je vous adjure de ne plus vous laisser tromper par les grands mots ni les pompeuses mises en scène! Il n'y a pas d'Ambassadeur ni de Congrès qui puissent vous dispenser de la restitution d'un héritage qui ne vous appartient pas plus que la montre du voyageur descendu dans l'un de vos somptueux hôtels. On a beau être Genevois, on n'a pas le droit de garder même une montre dont le légitime propriétaire est connu de tous et s'est fait reconnaître par la Justice.

Gambetta lui-même l'a dit publiquement à vos édiles devant la statue du Prince, le jour où ils lui en faisaient les honneurs. L'un des plus hauts dignitaires de la magistrature française le leur a redit à l'oreille, le jour où, invité par eux, il est venu prononcer le discours solennel de clôture au congrès international de la Croix-Rouge.

A mon tour, je viens vous dire à vous-mêmes sur la place publique : Assez de paroles et de faux-fuyants! L'heure de la justice et de la restitution a sonné !

Le prédécesseur du Ministre actuel de la Confédération a rempli son devoir, quand il a négocié, discuté et rédigé, avec le Ministre de France, la Convention de 1869. Mais son successeur n'a plus le droit d'intervenir quand il s'agit de l'exécuter.

Lorsque le tribunal de la Seine et la cour de Paris auront rendu leur jugement et leur arrêt, ce n'est pas M. Lardy qui pourrait empêcher Messieurs les Huissiers de faire leur devoir à Genève.

1. *Il est étonnant que, le jour où les exécuteurs testamentaires ont brûlé tous les papiers du duc qui ne pouvaient pas leur servir et ont donné cent mille francs au chambellan Wieloglowski pour acheter son silence, ce papier révélateur ait échappé à leur autodafé.*

Paris. — Typ. Georges Chamerot, 19, rue des Saints-Pères. — 26390.

« LA TRIBUNE DE GENÈVE »

(23 septembre 1890)

AFFAIRE DE BRUNSWICK

Comme nous l'avons annoncé, M. Lardy, ministre de la Confédération suisse à Paris, est arrivé samedi à Genève pour conférer avec le Conseil administratif au sujet du procès intenté à la ville par le comte de Civry à propos de l'héritage du duc de Brunswick.

Cette conférence a eu lieu hier matin à dix heures, à l'hôtel municipal. Elle a réuni, outre les délégués du Conseil administratif et M. le ministre Lardy, M. le professeur Alfred Martin, conseil judiciaire de la ville de Genève, ainsi que MM. Rivoire, notaire ; Cherbuliez, notaire, et Richard, conseiller d'État, professeur et avocat, qui se sont occupés précédemment de cette affaire.

A midi, a eu lieu une réception intime dans le petit foyer du théâtre.

Les décisions prises ne sont pas définitives. On a examiné les diverses solutions proposées à Paris et à Genève.

PARIS

TYPOGRAPHIE GEORGES CHAMEROT

19, RUE DES SAINTS-PÈRES, 19